I0413063

Klaus-Peter Dreykorn

# Selfness Coaching

Für ein erfolgreiches und lösungsorientiertes

✓ Denken,
✓ Entscheiden
✓ Handeln!

ISBN-13:978-1511412506

©Klaus-Peter Dreykorn
ISF Management Consulting
kd@dreykorn-power.de
http://www.isf-consulting.de

Grafische Gestaltung: ISF Promotion
Bildmaterial: BigStockPhoto

2

Klaus-Peter Dreykorn

# Selfness Coaching

## Für erfolgreiches und lösungsorientiertes

- ✓ Denken
- ✓ Entscheiden
- ✓ Handeln!

Dieses Buch widme ich
den vielen Hundert Klienten, die ich bis heute
gecoacht habe,
und hierdurch wirkungsvoll unterstützen konnte.

Meinen privaten Freunden,
mit denen ich nächtelang über dieses Thema
diskutiert habe,

und ganz besonders meiner Frau Eva Maria,
die seit 35 Jahren bis heute
eine wertvolle, unterstützende und
liebende Lebensbegleiterin ist.

Hinweis:
Mein Buch ist ein erfolgreicher Ratgeber für
Frauen und Männer.
Ich habe es in der männlichen Form geschrieben. Das ist keine Diskriminierung des Weiblichen, sondern dient vorwiegend der besseren Lesbarkeit und Textökonomie.

# Inhalt

5

# Geleitwort

Ist es nicht ein beruhigendes Gefühl, sein Leben mit einem privaten Coach an seiner Seite zu teilen? Ein Coach, der geduldig zuhört, der motivierend und verständnisvoll Stimmungen erträgt, gegebenenfalls humorvoll die Rolle eines Seelentrösters annimmt, kurz, ein Mann für alle Fälle. Ich spreche von meinem Mann, Klaus, der mich seit 35 Jahren als verlässlicher Coach begleitet.

Ich habe während dieser Zeit viel über Coaching gelernt und freue mich, dass er nun wieder seine Erfahrungen in einem Buch niedergeschrieben hat. Sein Thema war schon immer, das erfolgreiche Wachsen und Werden in einem Menschen zu fördern. Bei Selfness Coaching geht es darum, die vorhandenen Selbstheilungskräfte zu aktivieren und seinen eigenen Selbstveränderungsprozess einzuleiten.

Ich erinnere mich noch genau an den Tag, als er von einem Vortrag des Zukunftsforschers Matthias Horx zurückkehrte und mir begeistert über Selfness-Coaching berichtete. Seit dieser Zeit forscht, und recherchiert er zu diesem Thema und hat vor einiger Zeit Lernmodule für die Ausbildung zum Selfness Personal Coach© erstellt. Schon etliche Teilnehmer haben diese Ausbildung erfolgreich absolviert.

Ich habe viele seiner Workshops und Coachings mit gestaltet und bin immer wieder verblüfft von seiner Kraft und Stärke, Menschen zu motivieren und zu begeistern.

8

Ich bin überzeugt, dass auch dieses Buch wieder ein Ideengeber für viele Menschen sein wird, denn wir können die Welt nicht verändern, doch wir können uns verändern.

Eva Maria Dreykorn

*Wenn Du immer wieder das tust,*
*was Du immer schon getan hast,*
*dann wirst Du immer wieder*
*das bekommen,*
*was Du immer schon*
*bekommen hast.*

*Wenn Du etwas anderes*
*haben willst,*
*musst Du etwas anderes tun!*

*Und wenn das, was Du tust, Dich nicht*
*weiterbringt,*
*dann tu etwas völlig Anderes*
*statt mehr vom gleichen Falschen!*

Paul Watzlawick, Philosoph

## Liebe Leser!

Viele Menschen konnte ich in den letzten 30 Jahren wirkungsvoll und ergebnisorientiert coachen (beraten). Dabei standen immer wieder, motivierende und/ oder lösungsorientierte Themen im Vordergrund.

Dieses erfordert ein wertneutrales Denken und Handeln seitens des Coaches, welches vor allem von einer ebensolchen Gesprächsführung abhängig ist. Und genau hierum geht es unter anderem in diesem Buch.

In der bisherigen ‚Coaching-Literatur' wird sich hauptsächlich der lösungsorientierten Problembewältigung gewidmet. Doch ist das wirklich alles? Dient Coaching letztlich nicht auch einer motivierenden Einzel-Beratung, die sich ebenso auf die Sorgen, Wünsche und die ganz persönlichen Ziele eines Klienten konzentrieren kann?

Unter diesen Gesichtspunkten habe ich mein Buch geschrieben. Deshalb mein Appell an alle Coaches, insbesondere an die von mir bisher ausgebildeten *Selfness Personal Coaches*© :

*„Kümmere dich um die Sorgen, Probleme, Ziele und Wünsche deines Klienten, dann ist dir sein Interesse sicher!"*

Ich wünsche dir viel Freude und viele Erkenntnisse beim Lesen meines Buches.

# Danke, Matthias Horx!

Matthias Horx; der renommierte Zukunftsforscher; prägte im Jahr 2002 den Begriff „Selfness", wofür ich ihm große Anerkennung zolle.

Selfness stammt vom englischen Begriff self = selbst ab und wird nach Meinung vieler Experten Wellness ablösen. Grund dafür ist das Streben nach langfristiger Ausgeglichenheit und Selbstveränderung, statt vorübergehender – oft konsumgetriebener – Wellness-Erholung. In seinem Buch "Der Selfness-Trend. Was kommt nach Wellness?" beschreibt Matthias Horx den Selfness-Trend und erklärt, warum die dauerhafte Selbstveränderung für uns alle so wichtig ist.

Matthias Horx hat mich auch in einem persönlichen Gespräch so sehr beeindruckt und inspiriert, dass ich Lehr- und Lernmodule entwickelte, und seit 2004 *Selfness-Coachings* anbiete, die sich kongruent auf meine PROTORING®-Erfolgsmethode beziehen, und sich auf die Förderung persönlicher und sozialer Kompetenzen konzentrieren.

Die Ausbildung zum qualifizierten *Selfness Personal Coach*© startete ich im Sommer 2008 und freue mich bis heute über das große Interesse.

## Selbstveränderung ist dringend notwendig!

Die Selbstveränderung und Selbstverantwortung für das eigene Wachsen und Werden ist gerade in der heutigen Zeit unerlässlich.

Das beinhaltet zum Beispiel, den sich immer wieder verändernden beruflichen Situationen oder auch den privaten und sozialen Veränderungen zu stellen. Damit ist die Selbstveränderung heute eine wichtige Selbstoptimierung des eigenen ICHs.

Der Ablauf für einen Selbstveränderungsprozess (SVP©):

- Was willst du verändern?
- Welches Problem oder Ziel möchtest du verändern?
- Beschreibe dein Problem oder dein Ziel ausführlich!
- Sammle lösungsorientierte Ideen!
- Bewerte deine möglichen Lösungen!
- Entscheide dich für eine Lösung!
- Erarbeite einen für dich machbaren Umsetzungsplan!
- Überprüfe nach einer Weile deinen Erfolg!

Die Selbstveränderung unterliegt meist äußeren und inneren Einflussfaktoren:

12

Die äußeren Einflussfaktoren finden sich in meiner KIM-Methode© wieder:

KOMMUNIKATION,
das können wertvolle Gespräche in der Familie, im Freundeskreis oder mit Kollegen sein.

INFORMATION,
die uns täglich medial vor die Tür fällt,

MOTIVATION,
die uns beflügelt. Das kann z. B. Familienzuwachs oder auch eine verantwortungsvollere Tätigkeit sein.

Die inneren Einflussfaktoren finden sich unter anderem und beispielsweise in meiner
3 S-Strategie© wieder:

## Selbsterfahrung

für das Kennenlernen und Reflektieren über das Erleben und Agieren der eigenen Person insbesondere in herausfordernden Situationen.

Im Rahmen einer Ausbildung zum *Selfness Personal Coach*© bezeichnet Selbsterfahrung den Prozess eines Rollentausches, bei dem der angehende Coach die anzuwendenden Arbeitsweisen und Methoden in der Klienten-Rolle an sich selbst erfährt. Selbsterfahrung kann einen Beitrag leisten, eigene Verhaltensmuster bewusst zu machen.

13

Welche Selbsterfahrungen möchtest du noch machen, um damit dein Erfahrungsspektrum erweitern und eine Selbstveränderung einzuleiten zu können?

## Selbstentfaltung

Unter Selbstentfaltung versteht man das Entfalten der eigenen Möglichkeiten und Talente, das Entwickeln der eigenen Persönlichkeit.

Sich selbst zu entfalten bedarf daher erst der Erkenntnis, was ich denn überhaupt will und der Klarheit, was mir wirklich wichtig ist.

Was ich will, hängt von meinem persönlichen Verständnis von Entfaltung und Wachstum ab. Will ich zum Beispiel

- mehr aus mir herausgehen können?
- Will ich authentisch sein?
- Will ich mein Leben mehr genießen?
- Will ich meine Lust ausleben?
- Will ich meine Berufung zum Beruf machen?

Die Selbstentfaltung ruft nach neuen und veränderten Lebenskonzepten. Deshalb brauchen wir kompetente Menschen, „die uns auf die Sprünge helfen".

Wir brauchen Problemlöser und Querdenker, die uns helfen, „die zu werden, die wir sind!"

Wir brauchen den Mut, unsere Originalität zu leben und den Mut, unseren eigenen Weg zu gehen. Hier kann der *Selfness Personal Coach*© eine große Hilfe sein.

Welche Selbstentfaltungen möchtest du ausprobieren, um damit dein Entfaltungsspektrum erweitern und eine Selbstveränderung einleiten zu
können?

## Selbstbestimmung

Selbstbestimmung heißt Kontrolle über das eigene Leben zu haben, basierend auf einer Wahl-
möglichkeit zwischen akzeptablen Alternativen.

Die Abhängigkeit von den Entscheidungen anderer wird so weit wie möglich minimiert. Das
schließt das Recht ein,

- seine eigenen Angelegenheiten selbst regeln
  zu können,
- an dem öffentlichen Leben teilzuhaben,
- verschiedene soziale Rollen wahrzunehmen
  und
- Entscheidungen fällen zu können, ohne dabei in Abhängigkeiten zu geraten.

Selbstbestimmung heißt mit anderen Worten,
das eigene Leben gestalten und in Bezug auf die
eigene Lebensqualität frei von  Zwängen, Wahl-
möglichkeiten zu haben und Entscheidungen
treffen zu können.

## Bereite dich positiv auf deine Selbstveränderung vor!

Oftmals haben Menschen sich noch gar nicht intensiv mit dieser Frage auseinandergesetzt, weil sie die überlieferten Informationen als eigene Vorstellungen ansehen, statt die eigene Selbstveränderung zu überprüfen.

Wie also kannst du diese meist fest verankerten Vorstellungen durchbrechen?

Nutze hierfür ein *Selfness-Coaching*, weil nur du selbst bestimmen kannst, was du an dir ändern willst, und wie du dein Leben gestaltest.
Bereite dich mit folgenden Tipps und Anregungen für dein *Selfness-Coaching* vor:

**Ich setze mir klare und erreichbare Ziele!**

Den Umgang mit Zielen lernst du in diesem Buch noch kennen. Wichtig ist, dass du im *Selfness-Coaching* deinem Coach deine Ziele nennst.

**Ich nehme ungewöhnliche Aufgaben als Herausforderung an!**

- Welche Herausforderungen kommen möglicherweise auf mich zu?
- Welche Fähigkeiten sind für ungewöhnliche Aufgaben erforderlich?

16

Ich übernehme die volle Verantwortung
für mein Handeln!

- Welche Verantwortung fällt mir besonders schwer?
- Wer wird mir in gegebenen Fällen meine Verantwortung erschweren?

Ich probiere immer wieder und
gerne Neues aus!

- Worauf bin ich besonders neugierig?
- Wie will ich die hieraus gewonnenen Erkenntnisse motivierend präsentieren?

Ich denke vorwiegend
lösungsorientiert!

- Welche Vorteile bietet mir lösungsorientiertes Denken?
- Wie begegne ich hierbei den ewig ‚Gestrigen'?

Ich nehme Misserfolge bewusst
als Chancen wahr!

- Was habe ich aus Misserfolgen bereits gelernt?
- Wie lassen sich Misserfolge mehr und mehr vermeiden?

Ich gestalte mein Leben aktiv!

- Welche Aktivitäten machen mir besondere Freude?
- Wie wirken sich meine Aktivitäten auf meine Zielplanungen aus?

Hast du etwas ganz Besonderes bemerkt? Diese Tipps und Anregungen sind als Vorbereitung wichtig, weil sie dafür sorgen, dass du deinen inneren ‚Verdrängungen' im *Selfness-Coaching* widerstehst!

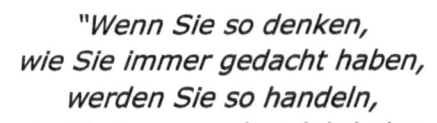

*"Wenn Sie so denken,*
*wie Sie immer gedacht haben,*
*werden Sie so handeln,*
*wie Sie immer gehandelt haben.*

*Wenn Sie so handeln*
*wie Sie immer gehandelt haben,*
*werden Sie das bewirken,*
*was Sie immer bewirkt haben."*

Albert Einstein

# Was ist Coaching?

Der Begriff Coaching stammt vom englischen „to coach" (betreuen, beraten, trainieren)) und dient der Entwicklung, Förderung und einer möglichen Umsetzung persönlicher oder beruflicher Ziele und der dazu notwendigen Kompetenzen.

Beispiele sind persönliche, soziale und methodische Fähigkeiten, wie ich diese bereits in meinem Buch "Entdecke die geheime Macht in dir!" beschrieben habe.

Der Begriff Coach ist nicht geschützt. Es gibt keine staatlich anerkannte Ausbildung oder wissenschaftlich fundierte Qualitätsstandards für diese Tätigkeit.

Seit 1980 habe ich viele Hundert Menschen gecoacht und hieraus vielfältige, wertvolle und psychologische Erfahrungen gesammelt, die heute meinen Klienten (Coachees) zugute kommen.

Ein Coaching ist also eine Einzelberatung, oder wie es der von mir geschätzter Kollege, Dr. Wolfgang Loos, auch treffend schreibt: Problembewältigung unter vier Augen!

Doch das alleine ist Coaching nicht. Es liegt an dem Coach selbst, inwieweit er seine Coaching-Angebote differenziert. Ich selbst biete heute, folgende Coaching-Schwerpunkte an, die ich dir auf Seite 43 beschreibe!.

# Das systemische Coachen

Systemisches Coaching ist lösungsorientierte Beratung zu Fragen im privaten oder beruflichen Kontext mit dem Ziel einer gemeinsamen Problemlösung. Coaching wird dabei als ressourcen- und lösungsorientierte Prozessberatung verstanden.

Systemisches Coaching ist ziel- und ergebnisorientiert und anhand konkreter, mit dem Klienten erarbeiteten Zielkriterien evaluierbar.

Systemisches Coaching betrachtet immer die Interaktion (Kommunikation und/oder Verhalten) im System d.h. von mindestens zwei Personen.

Das systemische Coaching geht davon aus, dass sich komplexe Probleme nicht lösen lassen, wenn die Aufmerksamkeit lediglich auf ein Element gerichtet wird.

Die Lösung muss von innen kommen. Die "Experten des Problems" sind die Personen, die das Problem haben.

Der Klient ist Experte für seine Ziele, Wünsche, Probleme und Lösungen. Er analysiert seine Leistung und seine Möglichkeiten in der Interaktion. Er entwickelt Alternativen zum Problemverhalten bzw. reaktiviert sein Lösungsverhalten (lösungs- und ressourcenorientierter Ansatz). Hierbei helfen zirkuläre Fragen.

20

Der Klient antwortet und reflektiert dabei aus einer anderen Perspektive oder imaginiert die Lösung und analysiert die Faktoren, die zur (hypothetischen) Lösung notwendig waren, bzw. die Lösung bedingen. Aus diesen Erkenntnissen heraus plant der Klient sein künftiges Verhalten.

Der Coach ist Experte für den Weg zum Finden von Lösungen. Er entwickelt im Coaching gemeinsam mit dem Klienten individuell passende Möglichkeiten.

Der Coach gibt in jedem Falle keine Lösungen vor. Der systemische Coach beschränkt sich auf Coaching, Anregung und hinführende Fragestellungen.

Ein soziales System (Familie, Gruppe, Firma, u.a.) kann nur verstanden werden, wenn die Regeln bekannt sind, die das Verhalten der Personen in diesem System leiten.

Da Ziele, Wünsche oder Probleme grundsätzlich im Zusammenhang mit dem sozialen System zu lösen sind, ergeben sich aus systemischer Sicht folgende Lösungsansätze:

- Veränderung in Bezug auf die Personen,
- Veränderung der subjektiven Deutungen,
- Veränderung von Verhaltensregeln und der darauf basierenden gemeinsamen Deutungen,
- Veränderung der Interaktionsstrukturen,

- Veränderung der System-Umwelt, hinsichtlich einer zukünftige Entwicklung und /oder Entwicklungsgeschwindigkeit.

## Die Psychologie des Coachens

---

*„Wenn du deinen Wunsch,*
*dein Ziel oder dein Problem*
*klar vor Augen hast,*
*beginnt dein Denken in Lösungen!"*

Klaus-Peter Dreykorn

---

Ich beschäftige mich seit mehr als 30 Jahren damit, wie man sich wohler fühlen und besser mit sich, seinen Mitmenschen und seinem Leben zurecht kommen kann.

Was ich hierbei von meinen Klienten zusätzlich erfahren und gelernt habe, setze ich in meinen Coachings und Ausbildungen kognitiv ein.

Meine Erfahrung belegt, dass die Verbindung von Entspannung (Körperarbeit) und lösungsorientierten Gesprächen in der Regel schnell zu positiven Veränderungen führt.

Praktisch jeder hat in seinem Leben einiges an unbewältigten Erlebnissen und Lasten, die Enge, Lustlosigkeit, Müdigkeit oder Gefühlsarmut zur so genannten "Normalität" werden lassen. Vieles

davon lässt sich lösen, ohne die Kindheitsge-
schichte aufarbeiten zu müssen. Manches
braucht nur einen Anstoß. Hierfür setze ich unterschiedliche Schwerpunkt-Coachings ein, die
ich für dich aufgelistet habe.

Das *Selfness-Coaching* ist für jeden geeignet,
der seine inneren Anlagen zu mehr Wohlbefinden, Gelassenheit und Energie entfalten möchte,
ebenso für jeden, der seine "autodidaktisch" ge-
wachsene Lebensweise überprüfen und entwickeln will.

Dafür muss man keine Störung oder Krankheit
aufweisen. Die Ausrichtung des *Selfness-
Coachings* wird von Klient zu Klient variieren, die
Gewichtung von Gesprächen und möglicher Anti-
Stress Entspannung unterschiedlich sein. Meine
Selfness-Coachings kommen oft ganz unter-
schiedlichen Bedürfnissen, Zielen, Wünschen und
Problemen entgegen, zum Beispiel:

Zur Überbrückung von Lebens- und Übergangs-
krisen

Im Leben eines jeden Menschen gibt es Zeiten,
in denen Gespräche und Hilfen nötig sind, um
eine Situation in sinnvoller Weise zu bewältigen.
Zwar kannst du (fast) alles auch alleine irgendwie überstehen, aber damit machst du es dir
auch unnötig schwer. Es ist allein viel schwieri-
ger, einen guten Weg zu finden.

Unterstützung bekommst du auch bei Freunden
(die sind jedoch nicht immer neutral genug),

oder bei Beratungsstellen (lange Wartezeiten). Mir geht es darum, mein Gegenüber zu akzeptieren, keine Ratschläge zu geben, die von außen kommen und dann doch nicht passen, sondern gemeinsam die innere Lösung zu finden (auf der Grundlage der Klienten zentrierten Gesprächsführung).

Da solche Krisenmomente zu einer starken Anspannung und leicht auch Überforderung führen, kombiniere ich diese Gespräche mit Körperarbeit (Entspannungstechniken), die der Erschöpfung und Überforderung entgegenwirkt. Auf diese Weise ist es fast immer möglich, dass du deine Probleme aus eigener Kraft, gemäß der eigenen Person und ohne medikamentöse Behandlung löst. Eine solche Bewältigung von Krisen ist, über den Moment hinaus, auch entscheidend für die spätere innere Stabilität, die Fähigkeit, mit zukünftigen Belastungen selbst fertig zu werden. Die Erfahrung, eine Krise zwar mit Hilfe eines Coaches, doch aus sich selbst heraus gelöst zu haben, stärkt sehr das Selbstvertrauen und gibt die Sicherheit, nicht allein dazu stehen.

Für Anti-Stress-Entspannung und Genuss.

Ein wichtiges Merkmal für seelische Gesundheit ist sicher die Fähigkeit zu genießen. Genuss ist eng verknüpft mit Entspannung. Das ist vielen Menschen im Laufe der Lebensgeschichte mehr oder weniger verloren gegangen und muss erst wieder geübt werden.

Wer Genuss lebt, weiß, dass er ein wichtiges Bedürfnis und ein Wert an sich ist. Entspannungstechniken sind im *Selfness-Coaching* ein besonderes Erlebnis. Die Empfindungen, die während und nach einer Anti-Stress-Entspannung da sind, kann man nicht vergleichen mit Alltagserlebnissen. Manchmal genügt ein Spaziergang mit deinem Coach durch die Natur. Es ist äußerst angenehm und im seelischen Sinne nährend, in liebevoller und tief gehender Weise sich entspannen zu können. Hierbei ist das *Selfness-Coaching* bestens geeignet.

## Unterstützung für seelische und menschliche Reifung

Es ist möglich, den menschlichen Lebensweg als Reise zu betrachten. Als Reifungsprozess, in dem wir an den Erfahrungen wachsen. Reicher werden mit Erfahrungen die wir in uns hinein nehmen können, aber auch beschwerter mit Erfahrungen, die wir nicht einbinden können. Menschen setzen sich gerne auch mit Grundfragen des Lebens und dem Lebenssinn auseinander.

Den Weg mit immer mehr Bewusstheit und Klarheit zu gehen, kann ein wichtiges Lebensziel werden. In diesem Zusammenhang sind *Selfness-Coachings* in Abständen eine Hilfe. Diese führen zurück auf den eigenen Kern, die eigene Mitte, was innere Klarheit überhaupt erst möglich macht. Die Arbeit im *Selfness-Coaching* fordert von beiden Seiten Bereitschaft und Offenheit, um sich in seiner Haut wohler zu fühlen.

Der Körper ist auch gleichzeitig unsere Geschichtsschreibung. Unser Organismus trägt unser ganzes Leben in sich. Das sind unter anderem auch viele Verletzungen körperlicher und seelischer Art, unbewältigte oder ungenügend gelöste Krisen und Konflikte. Lasten, mit denen wir nicht besser umzugehen wussten, als sie einfach auszuhalten, bis es zur Gewohnheit wurde. All dies trägt dazu bei, dass in dem, was jeder von uns als "normal" empfindet, eine Menge an unnötiger Anspannung, an Haltemustern, die ihren Sinn verloren haben, Anstrengung, Schwere und Enge zu finden sind.

Da wir immer darin leben, sind wir daran gewöhnt und erwarten nichts anderes zu fühlen, nicht wissend, wie viel wohler man sich fühlen könnte, wenn auch nur ein Teil dieser Verspannungen wieder in Fluss gebracht werden. Das geschieht auf körperlicher Ebene selbst durch die Psychotherapie meist nicht. Hier ist es nötig, durch Körpererfahrung, bewusste Entspannung und ein verbessertes Körperbewusstsein diese Muster von innen aufzulösen.

_„Selbstbestimmung ist das,
worum es im Leben überhaupt geht.
Ohne sie kannst du  am Leben sein,
aber du würdest nicht leben,
du würdest nur existieren."_

Michael Kennedy/Lorin Lewin

Abgrenzung zur Heilbehandlung

Meine psychologische Arbeit im *Selfness-Coaching* ist nicht die Therapie im medizinischen Sinne, also die Behandlung spezieller Störungen. Mir liegt daran,

- das Gesamtsystem eines Menschen in ein besseres Gleichgewicht zu bringen,
- Störungen im inneren Gefüge zu lösen,
- die Bewusstheit für das eigene Empfinden, und das Vertrauen in die eigenen inneren Gefühle zu stärken,
- und einem Menschen so ein gutes und sicheres Gefühl seiner selbst zu geben.

Von da aus sind Organismus und Psyche in der Regel selbst in der Lage, Spannungen und Probleme rechtzeitig zu erkennen und zu lösen. In vielen *Selfness-Coachings* können sich Probleme oft bessern oder lösen. Das ist ein erfreuliches Nebenprodukt jedoch nicht allein das Ziel dessen, was ich tue.

Klienten zentrierte Gesprächsführung
(nach Rogers/Tausch)

Die Art des zuhörenden Gesprächs geht zurück auf die Gesprächstherapeuten Carl Rogers (USA) und Reinhard Tausch (D), den ich in meinem Studium persönlich erleben durfte. Aufgrund wissenschaftlicher Forschungen, was in Gesprächen vom Klienten als hilfreich erfahren wird, kamen beide zu einigen ganz normalmenschlichen Grundprinzipien des Zuhörens. Zu diesen Prinzipien gehören:

**Den Klienten positiv wertschätzen**

Die Erfahrung zeigt, dass alles Fühlen, alles Verhalten, alle Gedanken einen realen, nachvollziehbaren Hintergrund haben. Auch wenn etwas "falsch" erscheint oder offensichtlich nicht sinnvoll ist, so hat es doch einen verstehbaren Grund. Dahinter steht immer der Mensch, der in seiner möglichen Weise versucht, durchs Leben zu kommen und seine Interessen zu wahren.

Wenn auch manche Lebensumstände, insbesondere in der Kindheit, nur durch sehr verzerrte oder schwierige Verhaltensmuster gelöst werden konnten, so steht doch der Mensch dahinter mit seiner Empfindungsfähigkeit, seinen Bedürfnissen, seinen Notwendigkeiten.

Daher ist es wichtig, dem Menschen in jeder Facette die Wertschätzung entgegenzubringen, die spürbar macht, dass er als Mensch wertvoll und von Bedeutung ist. Das hilft dem Klienten, sich selbst an schwierigen Stellen wertfrei zu erforschen, verstehen zu lernen und sich zu akzeptieren. Von da aus können im *Selfness-Coaching* Alternativen erarbeitet werden.

**Empathie des Verstehens.**

Letztlich geht nicht um Moral oder Logik. Es geht um unsere Gefühle. Eine Ethik, die Gefühle eliminiert und behindert, kann größere Schäden

28

anrichten. Deshalb gilt es, ethische Grundsätze zu hinterfragen, um Empathie zu gewährleisten.

Daher ist einfühlendes Verstehen des Zuhörers hilfreich, wirkliches Verständnis für das eigene Erleben zu bekommen, sodass man aufhören kann, gegen sich selbst zu kämpfen, weil man beispielsweise den inneren Normen nicht entspricht. Dies bringt weg vom Bewerten und Manipulieren hin zum Verständnis und damit zur Akzeptanz dessen, was ist.

## Authentisch sein

Der Coach darf sich nicht in einem "pseudopsychologischen Gehabe" verstellen, sondern der sein, der er wirklich ist. Das ermöglicht dem Klienten zu mehr Ehrlichkeit und Authentizität.
Der Klient spürt, dass er ein reales Gegenüber hat, welcher sich mit seinen Erfahrungen und Gefühlen einbringt.

So kommt im *Selfness-Coaching* ein positiver Prozess in Gang, sodass die inneren Spannungen und Konflikte sich lösen können. Der Klient kann sich positiv erleben. Der Klient kann aus tieferem Verständnis heraus bessere Lösungen für seine Bedürfnisse und Interessen finden und so schwierige und belastende Verhaltensweisen oder Denkmuster aufgeben.

# Gefühle sind auch im Coaching wichtig!

*„Glücksgefühle, Angstzustände oder Depressionen werden vom Gehirn gesteuert."*

Dafür sorgen Hormone, das sind winzig kleine chemische Verbindungen aus Eiweiß, Kohlen- und Wasserstoff. Wenn wir glücklich sind, schüttet unser Gehirn Endorphin (eine opiumähnliche Substanz) aus. Aber auch Adrenalin, Noradrenalin, Cortison und Prolaktin. Diese Hormone lassen Schmerzen vergessen, versetzen Menschen in kleine Rauschzustände. Bei Trauer und Depressionen stimmt der Botenstoffwechsel im Gehirn nicht. Signale werden von einer Nervenzelle zur anderen nicht richtig weitergegeben. Folge: Man fühlt sich niedergeschlagen und ausgelaugt.

Gefühle sind auch im *Selfness Coaching* für unser gesamtes Wohlbefinden wichtig. Ohne die positiven Gefühle (wenn wir uns freuen, schlägt unser Herz schneller, der Puls steigt, der Körper wird besser durchblutet), ohne dieses schöne Kribbeln im Bauch würden wir Menschen innerlich "erfrieren".

Gefühle drücken sich auch körperlich aus: jeder hat schon einmal Angstschweiß von der Stirn gewischt oder eine Gänsehaut bekommen. Und jeder hat schon mal wohlige Wärme in Gegenwart eines anderen Menschen empfunden.

Deshalb sind Gefühle so wandelbar, weil sie schwer zu steuern sind.

30

Wie wichtig jedoch Emotionen sind, taucht ständig in der Werbung auf.

Die Industrie verkauft nicht mehr Autos, sondern vor allem "die Freude am Fahren". Auch im *Selfness Coaching* geht es nicht allein um eine Einzelberatung, sondern um motivierendes und lösungsorientiertes Denken und Handeln.

## Warum gehört die Philosophie zum Coaching?

Die Philosophie (griechisch, wörtlich die „Liebe zur Weisheit") und das Coaching haben im Gegensatz zu den einzelnen Wissenschaften und Methoden keinen begrenzten Gegenstandsbereich. Allgemein kann beides als Versuch der kritisch-rationalen Selbstüberprüfung des Denkens, oder auch als eine methodische Reflexion gesehen werden

Jeder Versuch, den Begriff „Philosophie" zu definieren oder den Bereich der Philosophie näher einzugrenzen, ist bereits Gegenstand der Philosophie selbst.
Im Lauf der Jahrhunderte differenzierten sich die unterschiedlichen Methoden und Disziplinen der Welterschließung und der Wissenschaften direkt oder mittelbar aus der Philosophie.

Als Kerngebiete der Philosophie und zum Beispiel im Coaching von sozial stärkeren Menschen können Erkenntnisse aus der Logik (Wissenschaft vom folgerichtigen Denken), die Ethik (Wissenschaft vom rechten Handeln) und die Metaphysik (Wissenschaft von den ersten Gründen des Seins und der Wirklichkeit) betrachtet werden.

Philosophie lässt sich nicht allgemeingültig definieren, weil jeder, der philosophiert, oder sich coachen lässt, eine eigene Sicht der Dinge entwickelt.

Carl Friedrich von Weizsäcker hat einmal formuliert: „Philosophie ist die Wissenschaft, über die man nicht reden kann, ohne sie selbst zu betreiben".

Zu den Arbeitsfeldern in der Philosophie und im Coaching gehören zunächst die Untersuchung von Methoden, Prinzipien und der Gültigkeit jeglicher Erkenntnisgewinnung wie auch der Argumente und Theorien auf wissenschaftlicher Ebene.

In der Philosophie und im Coaching stellen sich Fragen von einer Art, die Wissenschaften oft nicht beantworten können, und durch Versuche, Berechnungen oder andere Forschungen mit den bisherigen Instrumenten nicht zu beantworten sind. Derartige Problemstellungen können jedoch das Forschen in eine neue Richtung lenken.

Weitergehende philosophische Bemühungen erstrecken sich auf eine systematische Ordnung menschlichen Wissens, wie auch das systemische Coachen zwecks Herstellung eines in sich schlüssigen Bilds unter Einbeziehung menschlicher Werte, Rechte und Pflichten.

Wer ernsthaft philosophiert, stellt auch im Coaching kritische Fragen und lässt sich in der Regel nicht so leicht täuschen oder manipulieren.

Das konstruktive Potenzial liegt hierbei im Hinterfragen der gesellschaftlichen Verhältnisse und im Herausarbeiten alternativer Modelle ebenso wie in einer Relativierung der Ansprüche von persönlichen und sozialen Kompetenzen.

---

*„Man kann einen Menschen*
*nichts lehren.*
*Man kann ihm nur helfen,*
*es in sich selbst*
*zu entdecken!"*
Galileo Galilei

---

## Die Bedeutung meiner PROTORING®-Erfolgsmethode im *Selfness-Coaching*!

Seit mehr als 30 Jahren berate, trainiere und coache ich Führungskräfte und Mitarbeiter in Industrie, Handel, und Dienstleistungsbereichen.

Die Summe der Erfahrungen, die ich durch die Beobachtung meiner Teilnehmer machen durfte, wies mich immer wieder auf die bedeutenden persönlichen und sozialen Kompetenzen hin, die gezielter und erfolgreicher gesteigert werden können.

Es war vorwiegend die innere Einstellung meiner Trainingsteilnehmer, die ich dir anhand eines prägnanten Beispiels deutlich aufzeigen werde.

Diese innere Einstellung und Haltung vieler Menschen war auch meine Motivation, dieses Buch zu schreiben.

Aufgefallen ist mir, dass viele Menschen auf der Suche nach mehr Lebendigkeit und Freude am Leben sind. Oft jedoch haben wir Hemmungen auszudrücken, was uns bewegt. Tagtäglich vermeiden viele Menschen spontanes Denken und Handeln, ziehen die Schultern hoch, beißen die Zähne zusammen und wenden sich ab.

Diese Verhaltensmuster, die wir oft aufrechterhalten, obwohl uns rational bewusst ist, dass diese Muster uns einengen und unsere psychologische Entwicklung behindern.

Deshalb konzentriere ich mich auf die wesentlichen persönlichen und sozialen Fähigkeiten, die du in diesem Buch kennenlernst. Dann erkennst du:

*„Besser werden ist*
*verblüffend einfach*
*und einfach verblüffend!"*

# Schema + grafische
## Darstellung der PROTORING©-Erfolgsmethode:

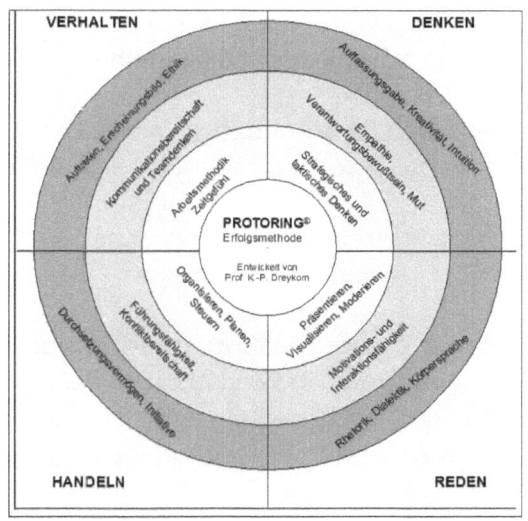

Gesetzlich geschützt: BPA Nr. 397 29 922 am
05. Nov. 1997

Die Ringe und Felder (von außen nach innen)
symbolisieren die wichtigsten
Fähigkeiten einer Persönlichkeit:

*Persönliche* Kompetenzen;

*Soziale* Kompetenzen;

*Methodische* Kompetenzen.

Die PROTORING®-Erfolgsmethode garantiert eine ständige Weiterentwicklung im Verhalten, Denken, Reden und Handeln!

In diesen Entwicklungsprozess greifen die biologische Reife, das individuelle Lernen und die Sozialisation in komplexer Weise ineinander.

Dieser Prozess ist eingebettet in die Entwicklung der folgenden wirkungsvollen Entwicklungsfeder:

Auftreten, Körpersprache, Ausdrucksvermögen.

Ich bringe diese zeitgeistorientierten Funktionen in der von mir entwickelten PROTORING®-Erfolgsmethode auf den Punkt, und orientierte mich dabei an den vom Genfer Entwicklungspsychologen, Jean Piaget, erforschten Stadien der kognitiven Entwicklung.

Integriert wurden von mir unter anderem auch Erkenntnisse von S. Freud, Jean Piaget, C. G. Jung, C. Rogers, F. Schulz von Thun und A. Murray, die sich vielfältig mit der Persönlichkeitsentwicklung auseinandergesetzt haben.

In jedem Stadium werden charakteristische Schemata gebildet, die zu einer erfolgsorientierten Strukturierung von Verhalten, Denken, Reden und Handeln führen.

Die PROTORING®-Erfolgsmethode ist ein solches Erfolgsschema, mit einer ständig fortschreitenden Entwicklung.

36

Ganz bewusst stelle ich in meiner PROTORING®-Erfolgsmethode die kognitive Persönlichkeitsentwicklung der persönlichen, sozialen und methodischen Kompetenzen in den Vordergrund.

Das sorgt für ein konsequentes, individuelles Wachsen und Werden, und garantiert somit die Steigerung der eigenen Lebenskompetenz!

Die Bedeutung der vier versteckten „Aktionen" in dem von mir entwickelten Wort PROTORING®:

*PRO*TORING
Das pro-aktive Verhalten, Denken, Reden und Handeln steht für dich ab sofort im Vordergrund deines Tuns.

P*ROTOR*ING
Gemeint sind die rotierenden, inneren Antriebskräfte, die für dich eine gesteigerte Selbstmotivation zur Folge haben.

PRO*TOR*ING
Sinnbildlich muss das innere, psychologische ‚Tor' geöffnet sein, damit du Hürden und Hindernisse offen annimmst und beseitigen kannst.

PROTO*RING*
All unser Tun und Streben bedarf heute beruflicher und sozialer Interaktion und allgemeiner Kommunikation. Hierdurch entstehen wertvolle, psychologische Netzwerke, die für dich eine wichtige persönliche Einheit für das eigene Wachsen und Werden bilden.

Meine PROTORING®-Erfolgsmethode im
Selfness-Coaching

basiert auf Vertrauen und
gegenseitigem Respekt.

garantiert,  dass du deine
Klienten motivierend und
lösungsorientiert coachen
kannst.

erhöht die Wirkung deiner
psychologischen Kompetenz
als *Selfness Personal Coach*

steigert deine persönlichen, sozialen
+ methodischen Fähigkeiten

fördert deine Gesprächsführung und
Verhandlungskunst.

# Was bedeutet *Selfness-Coaching*?

*Selfness-Coaching* widmet sich mehr der Individualität des Menschen und bezieht Körper, Geist und Seele in die Auseinandersetzung mit den eigenen Bedürfnissen ein.

2003 habe ich den Begriff „Selfness" von Matthias Horx aufgegriffen. Ich entwickelte hierzu Lehr- und Lernmodule, die ich seit 2004 in meine Coachings einbinde und zusätzlich eine Ausbildung zum systemischen *SELFNESS PERSONAL COACH©* anbiete. Folglich: Mehr Erfolg durch eine ganzheitliche Selbstveränderung!

Warum *Selfness-Coaching*?
*Selfness* beinhaltet eine dauerhafte Selbstveränderung, aktiviert Selbstheilungskräfte, Bedürfnisse, Ziele und Wünsche, um in selbst bestimmter Verantwortung leben zu können. Im Gegensatz zu Wellness, geht es bei Selfness um eine langfristige Veränderung der Selbstwahrnehmung und Lebenseinstellung. Der Sinn des Lebens wird hinterfragt.

*Selfness-Coaching* konzentriert sich auf ein erfolgreiches Werden und Wachsen und auf die innere Zufriedenheit des Klienten.

*Selfness-Coaching* stärkt Lebenskompetenz, die in der Zukunft immer wichtiger wird. Die Ganzheit von Körper, Seele und Geist wird mit *Selfness-Coaching* zu einem intensiveren und weitaus besseren inneren Gleichklang gebracht.

Geistige, seelische und körperliche Weiterentwicklung ist in jedem Alter und Lebensabschnitt möglich.

Folgende Ziele gelten immer für meine Klienten im *Selfness-Coaching*:

- Erhöhung des Selbstwertgefühls.
- Steigerung des Selbstbewusstseins.
- Aktivierung durch Kraft schöpfende Anti-Stress-Entspannung.
- Ganzheitliches Coaching (Körper, Seele, Geist).

**Worauf legten meine Klienten bisher am meisten Wert?**

Dieser Frage bin ich intensiv nachgegangen. Mehr als 300 befragte Personen in meinen Trainings und Workshops setzten ihre Prioritäten in diese Rangfolge:

- Mehr innere Ausgeglichenheit (Anti Stress),
- mehr Energiebalance im Fühlen, Denken + Handeln,
- persönlicher Erlebniswert im eigenen Verhalten,
- Konzentration auf die eigene Sinnlichkeit,
- Erkenntnisse aus den kreativen Reserve-Potenzialen,
- offene und intensive Gespräche über persönliche oder auch berufliche Intentionen,

- Wohlbefinden in entspannter Familien-Atmosphäre,
- ein sozial förderndes Umfeld.

Dr. Josef Hilbert, Leiter des Forschungsschwerpunkts Gesundheit + Lebensqualität, sagt: „Bis zum Jahr 2020 sind bis zu 800.000 neue Jobs in der Selfness-Branche möglich!

Meine philosophischen Grundsätze für das *Selfness-Coaching*:

*DENKE,*
*was wahr ist!*

*WOLLE,*
*was gut ist!*

*FÜHLE,*
*was schön ist!*

Hieraus resultieren folgende persönliche Fähigkeiten für beide Seiten im lösungsorientierten *Selfness-Coaching*:

- Auffassungsgabe und Lernbereitschaft
- Motivation + Kommunikation
- Logisches und analytisches Denken
- Engagement und Veränderungsbereitschaft
- Ausdrucksfähigkeit und Kreativität
- Verantwortungsbereitschaft und Zuverlässigkeit
- Durchsetzungsvermögen und Entscheidungsfähigkeit.

Auf welche besonderen **sozialen Fähigkeiten** seines Klienten muss der *Selfness Personal Coach*© unter anderem achten?

*Die Fähigkeit,*
sofort, leicht und mühelos mit seinem Coach in Kontakt zu treten,

*die Fähigkeit,*
frei und ungehemmt mit seinem Coach zu sprechen,

*die Fähigkeit,*
nicht mehr Opfer seiner Stimmungen zu sein,

*die Fähigkeit,*
sich spontan und mutig Aufgaben, Experimenten und Herausforderungen zu stellen,

*die Fähigkeit,*
über sich lachen zu können,

*die Fähigkeit,*
sich selbst zu überzeugen,

*die Fähigkeit,*
positiv-helfende Kritik anzunehmen und anzuer-
kennen,

*die Fähigkeit,*
in der Verantwortung eine Herausforderung an
sich selbst zu sehen.

## Spezielle Beratungsbereiche für ein *Selfness-Coaching.*

### Anti-Stress-Coaching

für Menschen, die sich weniger als „Getriebene"
empfinden wollen, sondern innerlich mehr zur
Ruhe kommen möchten.

### Entspannungs-Coaching

für Menschen, die ihren inneren „Energien-Tank"
mehr in Balance bringen möchten, oder  sich
wieder einmal mehr Zeit und Muße für sich
selbst gönnen wollen, um ihren Gedanken mehr
Raum zu geben.

### Karriere-Coaching

für Menschen, die ihre berufliche Entwicklung
strategisch aufbereiten und ihre Fort- und Weiterbildung zielorientiert planen möchten.

*Kreativitäts-Coaching*
für Menschen, die über ihre Ideen reden, und hierzu die Meinung eines kompetenten Coaches hören möchten.

*Kompetenz-Coaching*
Für Menschen, die ihre persönlichen und sozialen Fähigkeiten intensiver zur Wirkung bringen möchten.

*Leadership-Coaching*
Für Führungskräfte, die sich kompetente Unterstützung für ihre beruflichen Führungsaufgaben wünschen.

*Power-Coaching*
Für Menschen, die mit Geist und Stil punkten und ihren „Unterhaltungswert" wesentlich ausbauen und steigern möchten.

*Präsentations-Coaching*
Für Menschen, die ihre Präsentationen wirkungsvoll und überzeugend gestalten und vortragen wollen.

*Problembewältigungs-Coaching*
Für Menschen, die lösungs- und zielorientiert ihre Probleme in den Griff bekommen, und sich von eventuell vorhandenen Blockaden, Hemmungen und Ängsten befreien wollen.

*Rhetorik-Coaching*
Für Menschen, die sich für ihre rhetorischen Auftritte als Redner oder in Gesprächen und Verhandlungen fit machen wollen.

*Ziel-Coaching*
Für Menschen, die ihre Ziele mit einem neutralen Gesprächspartner ergebnisorientiert besprechen wollen.

*Zuhör-Coaching*
für Menschen, die ihren inneren Frust mal loswerden und sich einmal alles „von der Seele" reden wollen.

Wertewandel bei Menschen.
Immaterielle Werte bestimmen mehr und mehr das Denken und Handeln.

Rechne mit folgenden Denk- und Verhaltensmustern im *Selfness-Coaching*:

- Risiko-Vermeidung und Umgehung,

- Bequemlichkeit, Sicherheit, Freizeit, Gesundheit,

- Beschäftigung mit dem eigenen ICH (Selbstverwirklichung),

- Glücksgefühl als direkter Lebensinhalt,

- neue soziale und persönliche Werte (Ehe, Familie, Moral),

- geringere Mobilität (regional + lokal),

- Verlust an Willenskraft, Optimismus und Vertrauen in dem ökonomischen und technologischen Fortschritt,

- Schutz der Umwelt und Ökologie.

Das bestimmt in Zukunft die Tätigkeit eines
*Selfness Personal Coaches©*:

- Aufgaben + Herausforderungen in Beruf, Familie, Freizeit ,
- Bedeutung psychologischer Lebensbereiche,
- Kreativität + Improvisation,
- Selbsterfahrung, Selbstentfaltung, Selbstbestimmung (3S©),
- Entdecken, Erleben, Entscheiden (3E©)
- Teamfähigkeit in wichtigen Lebensbereichen,
- Menschen, die zuhören, anerkennen und fördern können.

Für all diese Coachings empfehle ich dir als Selfness Personal Coach© den Einsatz meiner entwickelten vier psychologischen Coaching-Stufen, die sich stets bewähren und bewährt haben.

---

*Es ist nicht genug,*
*zu wissen,*
*man muss es auch anwenden;*

*es ist nicht genug,*
*zu wollen,*
*man muss es auch tun.*

Johann W. von Goethe

---

# Die 4 psychologischen Stufen im *Selfness-Coaching.*

Entwickelt von
Prof. Klaus-Peter Dreykorn 2004

4. Entscheiden
Maßnahmenplan
erarbeiten.

„So gehe ich vor!"

3. Entspannen
Abstand gewinnen. Energien
tanken. Innere Ruhe finden.

*„Erst einmal alles sacken
lassen!"*

2. Entdecken
Durch kognitive Neugier, Wissbegier
und Wahrnehmung.

*„Was kommt mir in den Sinn, und was
denke ich dabei?"*

1. Erörtern
Ausführliche Schilderung der Sorgen, Probleme,
Ziele und Wünsche.

*„Was mich bewegt, und mich nicht
zur Ruhe kommen lässt!"*

## Das wirkungsvolle Vorgehen
## in den 4 psychologischen Stufen:

Stufe 1: Erörtern
*„Was mich bewegt, und mich nicht zur Ruhe kommen lässt!"*

Der Klient beschreibt sein Problem oder das Ziel, welches er im *Selfness-Coaching* lösungsorientiert besprechen möchte. Dem Klienten wird hierfür genügend Zeit gegeben.

Das geduldige, aktive und voll konzentrierte Zuhören des *Selfness Personal Coaches*© ist von höchster Wichtigkeit.

Es folgt ein ausführliches Gespräch mit dem Klienten, indem seine Gedanken vom *Selfness Personal Coach*© möglichst mit der EHN© - Gesprächstechnik lösungsorientiert hinterfragt werden. Außerdem empfiehlt sich der Einsatz der PMI-Methode (Plus-Minus-Interessant) nach Edward de Bono.

Empfehlenswert ist in dieser ersten Phase auch der geschickte Einsatz wohltuender Entspannung (bequemes Sitzen, frische Luft, auf Wunsch duftender Kaffee, o. a. m.)

Stufe 2: Entdecken
*„Was kommt mir in den Sinn, und was denke ich dabei?"*

Oft wird der Klient bereits in der ersten Stufe

„Erörterungen" zusätzliche ‚innere' Entdeckungen machen, die ihn motivierend beschäftigen und die in der Stufe drei „Entspannen" noch mehr zur Wirkung kommen.

Entdecken ist die Auffindung dessen, was schon vorhanden, doch noch nicht bekannt war. Die Entdeckungen in der 1. Stufe kommen meist zufällig oder bewusst zum Vorschein. Zu der bewussten Entdeckung gehört immer ein ausgezeichnetes Talent von Beobachtungen und / oder Erleben

Das Erleben ist jedoch ein wesentlicher Bestandteil vom Verhalten des Menschen. Erleben ergänzt die Ausrichtung der Psychologie als Verhaltenswissenschaft (Behaviorismus),

Es geht dabei um die Interaktion, wie der Mensch Ereignisse, Situationen oder generell sein Leben in seiner Eigen- bzw. Selbstwahrnehmung erlebt. Hierfür werden vom *Selfness Personal Coach*© mit dem Klienten Selbstexplorationen (nach R. Tausch) initiiert.

In der Psychologie werden vor allem zwei Bereiche des Erlebens unterschieden, nämlich die Emotionen, die das Erleben begleiten und die Kognitionen als Reaktion des Erlebten. Kognitionen und Emotionen sind aufeinander bezogen und interagieren wechselseitig. Beide zusammen machen das menschliche Erleben aus.

In vielen Bereichen der angewandten Psychologie, so auch im *Selfness-Coaching* oder auch in der Erlebnispädagogik wird das Zusammenwirken von Emotion und Kognition beim Erleben thematisiert.

## Stufe 3: Entspannen
*„Erst einmal alles sacken lassen!"*

Das solltest du in jedem Falle tun, damit du deiner Seele und deinem Geist Raum gibst. Das ist wichtig, damit sich deine Kreativität und dein lösungsorientiertes Denken entfalten können. Der *Selfness Personal Coach©* wird dir unterschiedliche Entspannungsmöglichkeiten aufzeigen.

Körperliche und geistige Entspannung, sowie das Erleben von Gelassenheit, Zufriedenheit und Wohlbefinden sind eng miteinander verbunden. Entspannung wird als „Behandlung" im Selfness-Coaching aktiv genutzt. Hierbei unterstützt dich der *Selfness Personal Coach©* gerne.

## Stufe 4: Entscheiden
*So gehe ich vor!"*

Am besten ist es, wenn du deine erarbeiteten, lösungsorientierten Schritte und/oder Ziele detailliert in einem Maßnahmenplan aufschreibst. Das ist dann dein ganz persönlicher „Entwicklungsplan", den du mit dir selbst beschließt.

Hier für dich den „Entwicklungsplan" von Heimo, einem jungen Mann aus Finnland.

Heimo lebte bei seiner deutschen Freundin in Berlin. Heimo kam am 10. Juli 2010 zu mir an die Mosel und bat um ein intensives Coaching. Heimo erklärte mir, dass er gerne in Deutschland etwas lernen möchte.

Er wusste noch nicht genau, was er wirklich wollte. In jedem Fall möchte er später mit seiner Freundin in seine finnische Heimat zurück, und sich dort selbstständig machen.

Heimo ließ sich von mir coachen. Er hat den gemeinsam erarbeiteten Plan strikt durchgeführt und seine Lehre zeitlich verkürzt. Heute ist er mit bereits drei Mitarbeitern sein ‚eigener Herr'.

*„Wer andere erkennt,*
*ist gelehrt.*

*Wer sich selbst erkennt,*
*ist weise.*

*Wer andere besiegt,*
*hat Muskelkräfte.*

*Wer sich selbst besiegt,*
*ist stark.*

*Wer zufrieden ist,*
*ist reich.*

*Wer seine Mitte nicht verliert,*
*der dauert."*

Laotse

| Was werde ich tun? | Bis wann? |
|---|---|
| 1. Die deutsche Sprache richtig lernen | August 2010 |
| 1.1. Anmelden und Ziel C1 nennen | 1. 9. – 21. 12. |
| 1.2. Sprachkursus besuchen und absolvieren | |
| 2. Freundschaftsprofil / Referenzen überprüfen | Ab sofort |
| 3. Teilnahme als Gast bei den Wirtschaftsjunioren (WJ) in Berlin (über die IHK ermitteln) | November 2010 |
| 4. Lehrstelle „Groß- und Außenhandelskaufmann" suchen | Anfang Dezember 2010 |
| 4.1. IHK-Berlin fragen und einschalten | |
| 4.2. Stellenangebote Tageszeitungen | |
| 5. Beginn der Lehre | 1. Januar 2011 |
| 6. Zusätzliche Aktivitäten: | Ab Februar 2011 |
| 6.1. Teilnahme als Gast in Wirtschaftsvereinigungen, | |
| 6.2. sich in Netzwerke einschalten, u.a. XING, Facebook Kontakte nutzen | |
| 6.3. Möglichkeiten einer berufsbegleitenden Weiterbildung herausfinden (z.B. IHK) | |

## Die wesentlichen Bedürfnisse des Menschen, die im *Selfness-Coaching* mit der SEN-Methode© eine Rolle spielen!
(nach Reiss, McDougall und Murray)

Die Attributionstheorie hat gezeigt, dass die zugeschriebene Stabilität von Erfolg und Misserfolg eigener Handlungen die affektiven Handlungsfolgen sowie die Erwartung zukünftigen Erfolgs beeinflusst.

Wird Misserfolg etwa auf mangelnde Fähigkeit zurückgeführt, so sind negative Affekte und die Erwartung weiteren zukünftigen Misserfolgs die Folge.

Neben diesen Motiven hatte William McDougall bereits 1932 eine Liste von 16 Basismotiven vorgeschlagen. Es folgten weitere Ansätze verschiedener Autoren mit Listen relevanter Motive in der Humanpsychologie.

Der US-Testanalytiker und Motivationsforscher Steven Reiss, Professor für Psychologie und Psychiatrie an der Ohio State University, führte schließlich erneut das menschliche Verhalten auf 16 relevante Lebensmotive (Bedürfnisse) zurück.

Nach der im Jahr 2000 veröffentlichten Untersuchung mittels empirischer und testanalytischer Befragung von über 20.000 Männern und Frauen aus den USA, Kanada, Japan und Europa entwickelte Reiss eine komplexe Ordnung der intrinsischen Grundmotive (Bedürfnisse) des Menschen.

Für das *Selfness-Coaching* habe ich die gemeinsam festgestellten Bedürfnisse von Reiss, Mc-Dougall und Murray in eine Rangfolge gesetzt:

01. Wahrnehmung
    Streben nach haptischen Wahrnehmungen (non-verbal/verbal), Beachtung und Aufmerksamkeit.

02. Anerkennung
    Streben nach sozialer Akzeptanz, Zugehörigkeit, positivem Selbstwert, Wertschätzung, Respekt, Würdigung.

03. Sexualität
    Streben nach erotischem Leben, Lust, Schönheit, Befriedigung.

04. Beziehungen
    Streben nach Freundschaft, Partnerschaft, Kommunikation, Humor.

05. Neugier
    Streben nach Wissen, Wahrheit und Zufriedenheit der Sinne.

06. Unabhängigkeit
    Streben nach Freiheit, Autarkie.

07. Status
    Streben nach Reputation, Image und Social Standing.

08. Macht
    Streben nach Erfolg, Leistung, Führung.

Auf diese ersten acht Lebensmotive / Bedürfnisse konzentriert sich die von mir entwickelte SEN-Methode[©].

Die weiteren sind:

09. Ehre
    Streben nach Loyalität und charakterlicher Integrität.

10. Idealismus
    Streben nach sozialer Gerechtigkeit und Fairness.

11. Emotionale Ruhe
    Streben nach Entspannung und emotionaler Sicherheit.

12. Sparen / Sammeln
    Streben nach dem Anhäufen materieller Güter.

13. Familie
    Streben nach eigenen Kindern, Familie.

14. Rache / Wettkampf
    Streben nach Konkurrenz, Kampf, Vergeltung.

15. Ernährung
    Streben nach bewusstem Essen und Nahrung.

16. Körperliche Aktivität
    Streben nach Fitness und Bewegung.

Diese insgesamt 16 Lebensmotive (Bedürfnisse) werden international zur Beschreibung von Persönlichkeitsstrukturen herangezogen:

Wie verhält sich jemand,

was macht er,

warum macht er das?

# Die SEN-Methode©

Steuerung emotionaler und psychologischer Bedürfnisse* zum Bewusstsein
für mehr Energie und Tatkraft im ganzheitlichen
*Selfness-Coaching©!*
(*needs of affilation = Bedürfnisse insbesondere
nach Reiss und Murray)

Durch die SEN-Methode© wird die persönliche
Entwicklung und das handlungsorientierte, prob-
lemlösende Lernen gefördert, (TZI=Themenzen-
trierte Interaktion). © 1998 by Prof. Klaus-Peter
Dreykorn

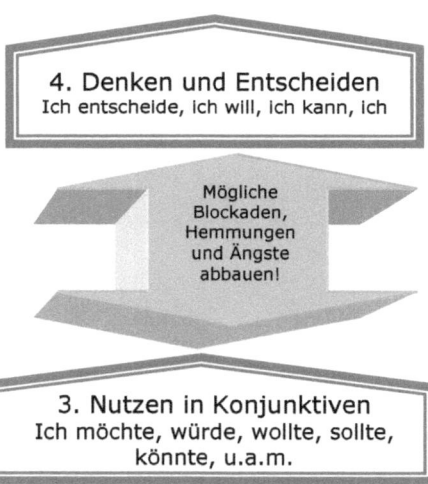

**4. Denken und Entscheiden**
Ich entscheide, ich will, ich kann, ich

Mögliche
Blockaden,
Hemmungen
und Ängste
abbauen!

**3. Nutzen in Konjunktiven**
Ich möchte, würde, wollte, sollte,
könnte, u.a.m.

**2. Intuitive Intension**
Ich denke, meine, glaube, vermute, empfinde, u.a.m.

**1. z. B. das Grundbedürfnis
„Wahrnehmung"**
auditiv, visuell, kinästhetisch, verbal

## Selfness-Coaching mit der SEN©-Methode

Dieses *Selfness-Coaching* konzentriert sich auf Wunsch des Klienten auf seine ganz persönliche Privatsphäre. Also persönliche Bereiche, die keine außenstehenden Personen betreffen. Diese Intimität darf auf keinen Fall durch Indiskretion verletzt werden.

Unser Leben steckt manchmal voller großer und kleiner Probleme. Dabei stehen wir uns oft selbst im Weg. Ich entwickelte Ende der 90er Jahre die SEN-Methode©. SEN steht für „Steuerung emotionaler und psychologischer Bedürfnisse* zum Bewusstsein" (siehe auch Grafik Seite 56).

SEN© hilft auf pragmatische und unkonventionelle Weise jedem, der sein Selbstwertgefühl, seine freie Entfaltung und sein berufliches oder privates Leben aktiver, kreativer und erfolgreicher bestimmen will.

„Der ‚Unterhaltungswert' meines Partners ist nach relativ kurzer Zeit stark gesunken.", sagen mehr als 60 % aller befragten Frauen und Männer. Was untermauert diese Untersuchungen von Reich, Kinsey und Herz?

Die meisten Menschen lassen sich auch in der Partnerschaft 'angepasst erziehen'. Dabei kommt die freie Entfaltung der Persönlichkeit zu kurz. Viele Menschen erleben sich von 'außen', und merken nicht, dass sie gelebt werden!

Menschen, die ihre Energien unterdrücken, leiden stärker unter Verhaltensstörungen, Neuro-
sen, Selbstvorwürfen + Lustlosigkeit (Freud,
Reich, Knoll).

Positive Botschaften entwickeln und trainieren!
Das kann jeder, wenn er wirklich will! Innere
Energien sind Urtriebe für das Wachsen und
Werden unseres Seins: Anerkennung, Freude,
Selbstliebe und Selbstbestätigung.

Ein Mensch, der seine Energien mobilisiert, lebt
und auslebt, gewinnt die Kraft der eigenen Stärken, um ‚mächtig‘ handeln zu können!

Das professionell begleitete *Selfness-SEN©*-
*Coaching* ist ein Vieraugen-Gespräch in dem Sie
Reflexion und Klärung zu bisher unbewussten
Gedanken und Verhaltensmustern erkennen. Ih-
re intuitive Wahrnehmung steigert sich und Lö-
sungswege werden aus ihren Ressourcen und
Potenzialen deutlich. Dabei gehen wir gemein-
sam Schritt für Schritt vor.

*Selfness-SEN©-Coaching* steigert Ihre Anzie-
hungskraft, intellektuellen Fähigkeiten, eigene
Genussfähigkeit, Kommunikationsfähigkeit,
Selbstbehauptung, aktive Lebenskompetenz und
Ihr Selbstwertgefühl.

*Selfness-Coaching mit SEN©* hilft, dass Sie
Schluss machen können mit typischen Verhaltensstörungen: z.B. kann ich nicht, macht man
nicht, darf ich nicht, u.v.a.m.!

*Selfness-Coaching mit SEN©* *ist* die fühlende + spürbare Kombination von energetischer Körperarbeit, ganzheitlicher Tiefenentspannung, und dem Human Intimacy Talking

*Selfness-Coaching* mit der SEN©-Methode

- konzentriert sich in besonderer Weise auf die wichtigen psychologischen Bedürfnisse des Menschen, u. a.:
- größere innere Zufriedenheit,
- Ausbau + Vertiefung sozialer Kontakte,
- mehr Wahrnehmung,
- mehr Anerkennung,
- mehr Selbstbestimmung und mehr Selbstbehauptung

*Selfness-Coaching mit SEN©* verbindet Grundlagen und Elemente der Energie-, Gesprächs- und Gestalttherapie (erlebnisorientiertes Coachen) für Körper, Psyche und Geist.

Positive Signale + Botschaften werden erkannt, gefördert und unterstützt. Das stärkt unser Immunsystem und fördert den psychologischen Gleichklang in uns.

*Selfness-Coaching mit SEN©* konzentriert sich auf die energetischen Kräfte des Menschen, und sorgt für eine deutliche Steigerung in der eigenen Lebenskompetenz.

Warum wird *Selfness-Coaching mit SEN©* für viele immer wichtiger?

Viele Menschen sind auf der Suche nach mehr Lebendigkeit und Freude am Leben.

Oft haben wir Hemmungen, das auszudrücken, was uns bewegt. Wir fühlen uns unsicher, unzufrieden und haben das Gefühl, das Leben geht in Teilbereichen irgendwie an uns vorbei.

Tagtäglich vermeiden wir spontanes Denken und Handeln, ziehen die Schultern hoch, beißen die Zähne zusammen, winken oder wenden uns ab.

Diese Verhaltensmuster beschreibt W. Reich als ‚Charakterpanzer', die wir oft aufrechterhalten, obwohl uns rational bewusst ist, dass diese Muster uns einengen und unsere psychologische Entwicklung behindern.

Wie erlebst du *Selfness-Coaching mit SEN©*?

Entscheidungsgrundlage für das *Selfness-Coaching mit SEN©* und die Anwendung energetischer Entspannung, bilden die vom Klienten geäußerten Bedürfnisse, Probleme, Wünsche und Ziele, die u. a. mittels Analyse und Checkliste gemeinsam erarbeitet werden.

Im *Selfness-Coaching mit SEN©* werden intuitive Formen des Gesprächs- und Entspannungscoachings eingesetzt. Das gibt dir innere Stärke.

Dynamik, Vitalität, Lebensbejahung und Lebenskompetenz für Körper, Seele und Geist werden gesteigert.

Der Körper als ‚Tor zur Seele' wird spürbar! Angestaute Emotionen weichen. Zurück gehaltene Energien kommen zum Vorschein, die in der ursprünglichen Lebendigkeit neu, kreativ und erlebbar genutzt werden.

Im *Selfness-Coaching mit SEN*© wird mit unbewusstem und kognitivem Denken gearbeitet. **Energien zählen zu den stärksten Kräften in uns!**

Unterdrückte Energie ist auf Dauer nicht nur eine körperliche und seelische Belastung. Durch wachsenden Frust wird auch eine rasch steigende Unzufriedenheit verursacht, die sich negativ auf mich selbst und auf mein soziales Umfeld auswirkt.

Deshalb ist es wichtig, Energien in Balance zu bringen. Hierbei konzentriert sich der *Selfness-Personal-Coach*© auf die ganzheitlichen Signale und Botschaften seines Klienten.

Meine Coaching-Erfahrung zeigt, dass meine Klienten nach einem *Selfness Coaching mit SEN*© aufgeschlossener und zufriedener sind.

*Selfness-Coaching mit SEN*© hat zum Ziel, psychologische Wahrnehmungen ganzheitlich und harmonisch zu vereinen. Die unterschiedlich angewandten Techniken während eines Coachings sind intensiv und einfühlsam. Sinnliches Erleben ist die Folge.

61

Einfühlsame und inspirierende Gespräche führen zu eigenen Wahrnehmungen und setzen kreative Denkweisen frei. Für die Steigerung der Lebenskompetenz werden Wohlbefinden und Freude intensiviert. Das wirkt sich fördernd auf seelische und körperliche Leistungen aus.

Das *Selfness-Coaching mit SEN©* öffnet den Zugang zu außergewöhnlichen Empfindungen, kreativen Gedanken und lösungsorientierten Gesprächen. Priorität haben hierbei Wertschätzung und Respekt gegenüber seines Klienten.

*Selfness-Coaching mit SEN©*
bedeutet ebenso:

- Neue Ergebnisse erzielen,

- ziel- und lösungsorientierte, kreative Dialoge, sowie die Anwendung der SEN-Methode für das entspannte Selbsterkennen,

- Barrieren aufzulösen, um neue Handlungsoptionen zu finden,

- mehr persönliche Sicherheit durch innere und äußere Übereinstimmungen, um authentischer sein zu können,

- innere Bereitschaft für mehr Handlungsfähigkeit,

- entwickeln von kraft bringenden privaten und beruflichen Zielen,

- eine strukturierte Vorbereitung auf neue Herausforderungen,

- Selbstmanagement durch Reflexion Ihrer wirklichen Prioritäten,
- Potenzial entdecken, Struktur und Vorgehensweise definieren, Kompetenz entwickeln,
- Entspannungsfähigkeit entdecken und fördern,
- behindernde Kommunikationsmuster erkennen und verändern,
- sich im Konflikt gelassener bewegen zu können,
- innere Blockaden und Hemmungen aufweichen und verändern,
- notwendige Kompromisse erarbeiten.

---

*„Der Mensch*
*ist nichts anderes,*
*als das,*
*was er selbst*
*aus sich macht.*

*Jean-Paul Sartre*

---

## Plane deinen Erfolg und deine Zufriedenheit im *Selfness-Coaching!*

„Kennst du Menschen, die „Wasser predigen und Wein trinken"?

„Wie oft bist du schon von sogenannten Erfolgsratschlägen enttäuscht worden?"

In meinen Coachings habe ich viele ‚Geschädigte' kennengelernt, die mir am Anfang ebenfalls skeptisch gegenüberstanden. Ich habe es meinen Klienten nie übel genommen, weil sie aus ihrer Sicht zunächst einmal recht hatten.

Kannst du dir vorstellen, warum ich mich gerne und ganz bewusst als *Selfness Personal Coach*© sehe?

Der Grund ist ganz einfach. Bei Menschen, die mich als ihren Coach verpflichten, übernehme ich von Anfang an auch die Verantwortung für das Wachsen und Werden meiner Klienten.

Deshalb sind entsprechende Vorgespräche wichtig, um zu erkennen, ob die ‚Wellenlänge' stimmt. Wenn nicht, lehne ich eine Zusammenarbeit ab.

Meine Erfahrungen habe ich für deine erfolgreiche und persönliche Wachstumsplanung in folgenden Leitsätzen zusammengefasst:

1. Definiere dein Ziel schriftlich, und möglichst in einem Satz!

Zum Beispiel: „Ich will Coach werden!"


2. Konzentriere dich auf das, was du wirklich kannst!

Bleibe in deinem Selbstbild, damit du ein zukunftsorientiertes reales Bild im *Selfness Coaching* entwickeln kannst.

Stelle dir die Fragen: „Was kann ich?", und „Was will ich?"

Versuchen nie, dir alles im Kopf merken zu wollen. Ich garantiere dir: das geht schief!

Praktiziere ,Schreibdenken'. Notiere dir alles, was dir einfällt.

Definiere deine Fragen schriftlich. Am besten, wenn du ganz alleine bist. Erst wenn du weißt, was du willst, kannst du diese mit dir wichtigen Menschen besprechen.


3. Setze KISS ein (keep it small and simple)!

Bei der Planung gilt das Prinzip KISS – Keep it small and simple! Die Amerikaner sagen dazu auch oft „Keep it small and stupid!".

Halte deine Planung einfach und überschaubar. Fokussiere sie auf die kritischen Erfolgsfaktoren. Aufgeblasene und in endlose Details verzettelte Planungen lenken vom Wesentlichen ab.

Stelle sicher, dass du im *Selfness Coaching* nicht zu viel unnütze Zeit für ‚Kleinkrämerei' verschwendest.

## 4. Deine Planung soll sich immer an Aktivitäten orientieren!

Hinter jeder Planung steckt eine Aktivität. Die durchgeführten Maßnahmen entscheiden darüber, ob die gesetzten Ziele der Planung erreicht werden.

Die zentrale Frage im *Selfness Coaching* lautet: „Welche Resultate will ich auf meinen Aktivitätsfeldern erzielen?" Planung ist eine Willenskundgebung und zielt immer auf „To Do's".

## 5. Ohne Vergleich ist Planung nichts.

Wenn du nicht bereit bist, in regelmäßigen Abständen einen Soll-Ist-Vergleich zu machen, dann hat Planung so gut wie gar keinen Wert. Diesen Vergleich kannst du alleine oder auch mir deinem Coach durchführen.

Es ist wichtig, immer wieder deine geplanten Maßnahmen mit der Realität zu vergleichen, und dabei festzustellen, wie die einzelnen Aktivitäten gelaufen sind:

- Wurde die Maßnahme entsprechend dem Plan durchgeführt?

- Welche Wirkung hatte die Maßnahme?

- Welche Schlüsse kann ich daraus für die Zukunft ziehen?

- Wenn die Maßnahme nicht realisiert wurde, was war der Grund?

Der Prozess der Planung mit anschließendem Soll-Ist-Vergleich ist für dich und deinem *Selfness Personal Coach* spannend und erfolgsentscheidend. Wer ihn einmal in seinen ganzen Dimensionen erlebt hat, kann sich nicht mehr vorstellen, darauf verzichten zu müssen.

Über Ziele habe ich bereits an anderer Stelle in diesem Buch geschrieben. Zwei Gedanken möchte ich dir noch zu diesem Thema geben:

Eine „einfache" Definition des Begriffs:

Ein Ziel ist erst dann ein echtes Ziel, wenn es die Möglichkeit des Scheiterns beinhaltet.

*„Viele sind hartnäckig in Bezug auf den eingeschlagenen Weg, wenige in Bezug auf das Ziel"* (Friedrich Nietzsche).

Ich wünsche, dass deine Ziele Erfolg haben und deine Zufriedenheit stärken.

---

*„Die Dinge sind nie so, wie sie sind.*

*Sie sind immer das, was man aus ihnen macht."*

Jean Anouilh

---

# Ohne Ziel kein
## *Selfness Coaching*

### 1. Was ist ein Ziel?

Deine innere Intention formuliert dein Ziel. Dabei sollte dein Ziel, das du im *Selfness Coaching* besprechen willst, vor allem realistisch und erreichbar sein. Deine Ziele fördern deine persönliche Entwicklung.

### 2. Warum sind deine Ziele für das *Selfness Coaching* so wichtig?

- Auch die Lösung von Problemen sind letztlich Ziele, die du dir setzt.

- Ziele geben deinem Leben eine Richtung und einen Sinn. Nur wenn du dir Ziele setzt, weißt du, wohin du willst.

- Ziele erfordern eindeutige Zwischenergebnisse, die du in Klein- und Teilziele unterteilen musst. Nur so gibt es auch einen Maßstab, um deine Fortschritte messen zu können.

- Ziele, und auch die Lösung deiner Probleme, spornen deine Leistung an. Die Verfolgung deiner Ziele ist faszinierend und spannend. Jeder Schritt bietet dir Gelegenheiten für das eigene Wachsen und Werden, und somit für deine ständige positive Selbstveränderung.

- Ziele verändern dein Selbstbild, lassen dich selbstbewusster werden und verbessern dein Auftreten.

- Ziele fordern dich, jeden einzelnen Schritt beim Namen zu nennen.

## 3. Was sind für dich die richtigen Ziele?

Es sind Ziele, für die du dich begeistern kannst, für die es sich lohnt zu leben, und die dich voranbringen. Doch wie findest du solche Ziele? Zum Beispiel durch die folgenden Fragen, die du im *Selfness Coaching besprechen kannst*:

Wer bin ich?
Was bin ich für ein Mensch?
Was hat mich geprägt?
Welche besonderen Stärken und Fähigkeiten habe ich?
Was steckt sonst noch in mir?
Was will ich?

Johann Wolfgang von Goethe formulierte es so:

> *„Unsere Wünsche sind*
> *Vorgefühle der Fähigkeiten,*
> *die in uns liegen,*
> *Vorboten desjenigen,*
> *was wir zu*
> *leisten imstande sein werden."*

Deshalb haben Wünsche sehr viel mit Hoffnungen, Interessen, Problemen und Idealen zu tun.

Welche Werte sind mir wichtig?

Formuliere deine persönlichen Werte, die deine ‚inneren Begleiter' für deine Ziele sein sollen! Zum Beispiel: Vertrauen, Gradlinigkeit, Wertschätzung, Respekt, Demut.

Was will ich erreichen?

Verbinde dein Ziel immer auch mit dem Zweck, was du machen willst, wenn du dein Ziel erreicht hast!

4. Wie formulierst du deine Ziele?

Setze hierfür in jedem Falle die folgenden offenen Fragen ein:

Was ist konkret mein Ziel?

Warum will ich dieses Ziel erreichen?

Wann will ich konkret mein Ziel erreicht haben?

Welche Klein- und Teilziele will ich formulieren und verfolgen?

Wie kontrolliere ich meine Ziele?

Welche Korrekturen werden nötig sein?

Wer kann / muss / wird mir helfen mein Ziel zu erreichen?

5. Warum ist „Schreibdenken" im *Selfness Coaching* so wichtig?

Halte deine Schritte, z. B. für die Lösung deines Problems immer schriftlich fest. Schon beim Notieren gehen dir ständig neue Ideen und Möglichkeiten durch den Kopf, die du dann besser, leichter und effizienter strukturieren kannst.

Erstelle schriftliche Formeln deiner Klein- und Teilziele (Suggestiv-Formeln), die du dir mit kleinen Zetteln an den unterschiedlichsten Orten in deinem Lebensbereich stets vor Augen führst. Unter anderem im Auto, im Bad, in deinem Arbeitszimmer, auf dem Spiegel deiner Garderobe.

Wende für deine schriftlichen „Selbstveränderungsformeln" grundsätzlich die „Befehlsform" (positiver Imperativ) an, und vermeide jegliche Formulierungen im Konjunktiv (sollte, könnte, werde, möchte, würde, u.a.m.)!

Deine „Selbstveränderungsformeln" dürfen nicht mehr als zwei bis drei Sätze beinhalten. Diese Selbstbeeinflussung wird deine Durchsetzungskraft enorm stärken! Du formulierst somit ständig Teilschritte für die Erreichung deines Gesamtzieles.

Hier zwei suggestive Beispiel-Formeln für dich:

*„Heute will ich mit Herrn Schneider sprechen!"*

*„Ich will Herrn Schneider für mein Teilziel gewinnen!"*

*„Heute will ich mit meiner Freundin eine ‚Inventur' unserer bisherigen Partnerschaft besprechen!*

*„Ich will von ihr erfahren, wie sie unsere Freundschaft beurteilt.*

*„Danach will ich ihr meine Auffassungen emotionsfrei sagen!"*

6. Wie kannst du mit Hilfe deines Coaches deine Ziele erfolgreich umsetzen?

Wenn du mit deinem Coach dein Ziel gefunden und formuliert hast, beantworte für dich die Fragen dieser Checkliste (möglichst schriftlich):

01. Welche Aktivitäten sind notwendig, damit ich mein Ziel erreichen kann?

02. Wer kann oder muss mir bei der Verwirklichung meines Ziels helfen?

03. Welche finanziellen Mittel brauche ich für mein Ziel?

04. Wie viel Zeit will ich täglich oder wöchentlich für mein Ziel aufbringen?

05. Was werde ich tun, wenn die Verwirklichung meines Ziels nicht auf Anhieb klappt?

06. Welche Alternativen gibt es, wie ich mein Ziel anders erreichen kann?

07. Will ich das alles wirklich auf mich nehmen?

08. Erfüllt mich der Gedanke an mein Ziel immer noch mit großer Freude?

09. Aus welchen Perspektiven kann ich den Weg zu meinem Ziel zusätzlich betrachten?

10. Mit welchen Hürden oder Hindernissen muss ich auf dem Weg zu meinem Ziel rechnen?

Was sagte bereits der römische Philosoph Seneca?

> „Nicht weil es schwer ist,
> wagen wir es nicht,
> sondern weil wir es nicht
> wagen, ist es schwer!"

7. Welche der zwölf folgenden Lebensbereiche will ich passend zu meinem aktuellen Ziel in den Vordergrund stellen, und welche will ich in nächster Zeit vernachlässigen?

01. Persönlichkeitsentwicklung
02. Gesundheit
03. Sport
04. Freizeit
05. Familie
06. Freunde
07. Gesellschaft / soziales Umfeld
08. Beruf
09. Fort- und Weiterbildung
10. Finanzen
11. Kultur
12. Geist

8. Warum will ich meinen Weg zu mehr Erfolg planen?

Jedes Leben erfordert ein gewisses Maß an Planung.

Natürlich kannst du dich auch damit zufriedengeben, das Beste aus dem zu machen, was dir „zufällig" begegnet oder ‚über den Weg' läuft.

Jedoch wird es dich wesentlich zufriedener und glücklicher machen, wenn du dein Leben hinsichtlich deiner Ziele und Wünsche stets überdenkst und planst.

Die „Dreisatzformel" vom Kirchenlehrer Augustinus von Hippo hilft dir:

„Ich kann! Ich will! Ich werde!"

In einem Satz zusammengefasst sage ich dir:

„Du kannst, was du willst!"


## Die Magie des Fragens im *Selfness Coaching!*

Gemeint sind keine allgemeinen Blabla-Fragen, wie zum Beispiel:

Wie geht es Ihnen?
Kommen Sie auch aus ….?
Haben wir heute nicht Glück mit dem Wetter?

Diese Fragen eignen sich immer dann, wenn man nichts zu sagen hat, oder keine wirkliche Kommunikation will.

Und gemeint sind auch keine **Pseudointeressens-** oder auch Verlegenheitsfragen, die oft zeigen, dass die Antwort überhaupt nicht interessiert. Zwei in der letzten Woche erlebte Beispiele:

Frage an mich:
*Sind Sie ein Kollege von Herrn ......?*
Meine Antwort:
Ja, ich arbeite mit Herrn ….. gerne zusammen.
Gegenantwort:
*Sicherlich interessant. Na, dann will ich mal rüber zu den anderen gehen. Wir sehen uns ja noch.*

Frage an mich:
*Was machen Sie denn beruflich?*
Meine Antwort:
Ich trainiere und coache in Unternehmen.
Gegenantwort:
*Oh, das kenn' ich. Unsere Firma macht auch viele Seminare. Ist ja auch wichtig. Also bis später dann.*

Frage an mich:
*Wie lange sind Sie schon verheiratet?*
Meine Antwort:
Wir haben die Silberhochzeit schon hinter uns.
Gegenantwort:
*Schön. Wir haben's noch vor uns. O.k. bis nachher.*

Du kannst dir sicherlich vorstellen, dass mit diesen drei Menschen kein weiteres Gespräch mehr zustande kam. Denn gerade Sätze wie *„wir sehen uns ja noch"*, *„also dann bis später"*, oder *„o.k. bis nachher"* garantieren fast, dass es zu keiner Kommunikation mehr kommen wird.

Natürlich sind nicht alle so. Und nicht jeder ist für jeden interessant genug. Doch es fällt auf, dass es vielen Menschen schwer fällt, Fragen zu stellen, aus denen sich möglicherweise ein gutes oder gar konstruktives Gespräch entwickeln kann.

Hast du dir schon einmal überlegt, warum im *Selfness Coaching* mehr Fragen gestellt werden, statt vorwiegend zu reden, zu meinen, zu sagen, zu behaupten?

Es gibt zehn ganz klare Gründe, warum du mehr fragen sollst:

- Durch Fragen stärkst du deine persönliche Beziehung zu deinem Gesprächspartner.

- Fragen vermitteln deinem Gesprächspartner, dass seine Meinung wichtig ist.

- Gute und positive Fragen werden kaum als Angriffe aufgefasst.

- Offene Fragen öffnen schweigsamere (introvertierte) Gesprächspartner.

- Fragen geben dir die Möglichkeit, Informationen und Aussagen deines Gesprächspartners überprüfen zu können, Missverständnisse zu vermeiden, und festzustellen, ob deine Argumente und Aussagen richtig angekommen sind.

- Geschicktes Fragen ‚zwingt' deinen Gesprächspartner intensiver nachzudenken.

- Gekonnte Fragen helfen deinem Gesprächspartner, eingefahrene Gleise' verlassen zu können.

- Fragen öffnen deinen Gesprächspartner. Er wird dir schneller seine Ziele, Wünsche und Bedürfnisse nennen. Das hilft dir, deine Argumentation entsprechend aufbauen zu können.

- Fragen stellen bedeutet: Den Gesprächspartner zu aktivieren.

- „Wer fragt, der führt!" Fragen bringen das Gespräch auf den Punkt!

## Betrachten wir einmal die psychologischen Aspekte des Fragens!

Ein Mensch spricht ca. 130 bis 150 Worte pro Minute (gutes Sprechtempo). Was uns jedoch aus der Verhaltensforschung aufhorchen lässt, ist die Tatsache, dass der gleiche Mensch in einer Minute ca. 500 bis 600 Wörter denken kann. Was ist die natürliche Folge?

Je mehr ich rede, umso mehr Zeit hat mein Gesprächspartner, über mögliche Einwände oder abweichende Reaktionen nachzudenken.

Es kommt in deinen Gesprächen und Verhandlungen vielmehr darauf an, mit guten und zielorientierten Fragen deinem Gesprächspartner entsprechende Antworten zu entlocken. Nur so erfährst du die Gedanken deines Gesprächspartners.

Beachte jedoch meine sieben Tipps zur Strategie des Fragens:

1.  Bitte stets um Erlaubnis Fragen stellen zu dürfen, und / oder, ob du dir eventuell auch Notizen machen darfst„
    *Darf ich Ihnen hierzu eine Frage stellen?"*
    *„Sind Sie einverstanden, dass ich mir einige Notizen mache?"*
    Vermeide gerade zu Beginn eines Gespräches mögliche unangenehme Themen!

2.  Starte dein Gespräch möglichst mit einer offenen Frage, die dein Gesprächspartner gerne beantwortet. Das baut Vertrauen auf!
    *„Wie denken Sie hierüber?"*
    *„Was können wir gemeinsam…..?"*
    *„Welche Lösung schlagen Sie vor?"*
    *„Wer wird Sie unterstützen?"*
    *„Wann wollen Sie starten?"*

3.  Sorge dafür, dass sich deine Fragen konzentriert und fließend ergänzen.
    Hierfür ist die KONDIA©-Gesprächstechnik bestens geeignet, die du in diesem Buch noch kennen lernst.

78

4. Formuliere deine Fragen kurz, verständlich und präzise! Eine gute Frage sollte wenig Schachtelsätze und wenig Kommata enthalten. In einigen meiner Workshops lasse ich Fragen erarbeiten, die nicht mehr als neun Worte beinhalten! Das ist leicht möglich, wenn du es willst. Trainiere es einmal schriftlich, und du wirst von dir begeistert sein.

5. Stelle immer nur eine Frage! Mehrere Fragen auf einmal verwirren deinen Gesprächspartner! Außerdem löst du dabei sehr oft die Struktur oder den Leitfaden deines Gespräches auf.

   Wenn du Fragen stellst, schaue deinem Gesprächspartner ins Gesicht und in die Augen! Das dokumentiert Interesse und festigt deinen Willen auf eine Antwort deines Gesprächspartners.

6. Achte auf die Signale und Botschaften des Körpers deines Gesprächspartners (Körpersprache).
   Denke daran: Ein Lächeln sagt oft mehr als viele Worte!

Im *Selfness Coaching* müssen die typischen Fehler beim Fragen vermieden werden!

Eigene Antwort
Du gibst die Antwort auf deine Frage selbst vor, z.B.„ *Was stört Sie in diesem Fall am meisten?*

*Ich meine, es wird Ihnen genau so gehen wie mir, dass .......* "

Die Folge:
Du ‚entmündigst' deinen Gesprächspartner!
Die Lösung: Frage offen und kurz formulieren, anschließend Mund halten!

### Suggestiv-Fragen
Du lenkst die Antwort in eine bestimmte Richtung, z.b.
*„Sie engagieren sich doch sicher auch gerne in sozialen Einrichtungen?"*
Die Folge:
Dein Gesprächspartner fühlt sich manipuliert. Er wird entweder blind zustimmen, oder baut innere Blockaden auf.
Die Lösung:
Die eigenen Hoffnungen und Beweggründe offen, als solche aussprechen.

### Drohende Fragen
Du stellst bohrende Fragen mit unfreundlichem Unterton, z.B.
*„Was ist eigentlich heute mit Ihnen los?"*
Die Folge:
Der Befragte wird mauern und zu Ausreden greifen.
Die Lösung:
Positive ICH-Botschaften formulieren. Vermeide Fragen,die dein Gesprächspartner nur mit ‚Ja' oder ‚Nein' beantworten kann.

### Mehrfachfragen
Du stellst zu viele Fragen in einem Satz, z.B.

*„Wie wirkt das auf Sie, was fanden Sie nicht so gut, und was würden Sie ändern?"*

Die Folge:

Dein Gesprächspartner wird nie alle Fragen zugleich beantworten.

Die Lösung:

Frage stellen, Antwort abwarten, nächste Frage.

Nicht ausreden lassen

Du unterbrichst und lenkst die Antwort in eine andere Richtung, wartest die Antwort nicht ab, und stellst schon die nächste Frage.

Die Folge:

Dein Gesprächspartner fühlt sich manipuliert, reagiert verärgert, macht dicht.

Die Lösung:

Warte die Antwort vollständig ab, auch wenn es dir noch so schwer fällt. Höre aktiv zu. Anschließend frage gezielt weiter.

## Vier Fragearten, die im *Selfness-Coaching* erfolgreich eingesetzt werden!

Lasse dich nicht verunsichern, wenn dir „Besserwisser" zehn, zwanzig oder noch mehr solcher ‚Fragetechniken' anbieten wollen. Außerdem bezeichne ich solche nicht als Techniken, sondern als Fragearten.

Ich möchte dir nur vier unterschiedliche Fragearten näher bringen, mit denen jedes Gespräch geführt werden kann.

*1. Offene Frage* (W-Fragen: was, wer, wo, warum, wann. u.a.m.)

Die psychologische Bedeutung dieser Frageart: öffnet, lockt deinen Gesprächspartner aus der Reserve, gibt dir wichtige Informationen, dein Partner stellt dir seine Probleme dar.

Musterfragen:
*Wie denken Sie über .......?*
*Welche Vorteile hat das für Sie?*


*2. Alternativfrage* (entweder - oder / sowohl als auch)

Die psychologische Bedeutung dieser Frageart: Sorgt für eine straffe und zielorientierte Gesprächsführung.

Musterfragen:
*Ist es Montag oder Freitag für Sie günstiger?*
*Tendieren Sie mehr zur roten oder blauen Farbe?*


*3. Richtungsfrage* (Selbstüberzeugungsfrage)

Die psychologische Bedeutung dieser Frageart: Dein Gesprächspartner überlegt selbst, gibt dir gezielte Informationen, und liefert Ansatzpunkte. Wenn dein Partner deine Richtungsfragen mit ‚JA' beantwortet, überzeugt er sich letztlich selbst!

Musterfragen:
*Können Sie sich vorstellen, dass .....*
*Interessiert es Sie, dass .......*


*4. Reflektierende Frage* (Feedbackfrage / kontrollierter Dialog)

Die psychologische Bedeutung dieser
Frageart:
Hohe Empathie. Wiederholung der Aussagen deines Gesprächspartners in Frageform. Vermeidet negative Stellungnahmen des Partners. Dein Gesprächspartner kann sich selbst korrigieren.

Musterfragen:
*Wenn ich Sie richtig verstehe, meinen Sie ......*
*Sie halten es für notwendig, dass ......*

## Erfolgreiche Gespräche im
## *Selfness-Coaching*<sup>©</sup>!

Egal, welches Thema im *Selfness-Coaching* besprochen wird, es gibt eine absolut lösungsorientierte Gesprächstechnik!

Es ist die Technik des kontrollierten Dialogs. Ich nenne sie KonDia<sup>©</sup>.

Denke einmal an dein letztes Gespräch, in dem du oft mit eigenen Gedanken beschäftigt warst.

Oft  hört jeder nur das, was er schon kennt oder hören will!
Dabei  erinnerst du dich vielleicht an eigene Geschichten und Erlebnisse, schweifst innerlich ab, beurteilst und bewertest das Gehörte.

Du überlegst dabei, was du erzählen willst, legst dir schon einmal eine Strategie zur Erwiderung zurecht, oder bist innerlich noch mit ganz anderen Dingen beschäftigt. Dabei verpasst du oft die wesentlichen Inhalte des Gesprächs.

Es stellt sich oft eine mangelnde Empathie deinerseits ein. Deinem Gesprächspartner wird es ähnlich ergehen.

Mit dem ‚Kontrollierten Dialog' lernst  du deine Gespräche im *Selfness-Coaching* strukturiert und einfach zu führen!

Du lernst mit der Anwendung des kontrollierten Dialogs:

- präziser zu sprechen,
- aktiver zuzuhören,
- hohe Empathie einzusetzen,
- besser zu kommunizieren,
- und Gespräche wesentlich effizienter zu führen.

Du trainierst mit der Anwendung des kontrollierten Dialogs:

- Kommunikationsstörungen zu beseitigen,
- die Verständigung zu verbessern,
- Aufmerksamkeit und Wahrnehmung zu steigern,
- dich präziser auszudrücken,
- und genau zuzuhören.

Wie funktioniert die KonDia©-Technik?

1. Du eröffnest das Gespräch mit einer Frage!
2. Der Antwort deines Gesprächspartners entnimmst du sinngemäß bestimmte Worte deines Gesprächspartners (Reizworte)!
3. Mit diesen ‚Reizworten' stellst du die nächste Frage!

Je nach Gesprächssituation stellst du dann die Schluss- oder Entscheidungsfrage.

Du findest auf den folgenden Seiten einige Mustergespräche, die ich mit meinen Trainingsteilnehmern und Coachees (Führungskräfte) schon mehrere Male im *Selfness-Coaching* durchgeführt und erlebt habe.

Ich gebe dir diese auszugsweise im Original wieder, da ich wichtige Gespräche mit Einverständnis der Probanten meist aufzeichne.

Die entsprechenden Reizworte habe ich unterstrichen, damit du die Technik des kontrollierten Dialogs nachvollziehen kannst.

---

*Es ist nicht genug,*
*zu wissen,*
*man muß es auch anwenden;*

*es ist nich genug, zu wollen,*
*man muß es auch tun.*

Johann W. von Goethe

---

Mitarbeiterfördergespräch (Coaching) in der KonDia©-Technik:

Die gute Mitarbeiterin, Karin W. (KW), soll „Assistentin des Geschäftsführers" werden.

86

„Welche Möglichkeiten sehen Sie für sich, hier im Hause beruflich weiterzukommen?"
KW: *„Offen gesagt, darüber habe ich noch gar nicht nachgedacht."*

„Da Sie eine gute Mitarbeiterin sind, haben wir für Sie schon einmal nachgedacht."
KW: *„Da bin ich aber gespannt, was Sie denken."*

„Ich denke, dass Ihre Fähigkeiten gefördert werden sollten."
KW: *„Wieso Fähigkeiten? Ich mache hier meine Arbeit so gut, wie ich es kann."*

„Frau W. mich interessiert einmal, was machen Sie in Ihrer Tätigkeit besonders gern?"
KW: *„Hmm. Ich organisiere gern und lege Wert darauf, dass unsere Kunden zufrieden sind und mein Chef sich auf mich verlassen kann."*

„Sie haben es gerade gesagt. Ihrem Chef ist aufgefallen, dass er sich voll und ganz auf Sie verlassen kann. Können Sie sich vorstellen, die Assistentin Ihres Chefs zu werden?"
KW: *„Jetzt bin ich aber platt. Soll das heißen, dass ich die Assistentin meines Chefs werden kann?"*

„Ja, Frau W., das soll es heißen. Wie denken Sie hierüber?"
KW: *„Das freut mich natürlich sehr!"*

Wir erarbeiteten noch einige Zusatzaufgaben:
- ihr verbessertes Einkommen,

- ihre neuen Privilegien
- und ganz besonders über den neuen Umgang mit ihren Kollegen.

Frau W. hat bis heute ihre neue Tätigkeit bestens gemeistert!

2. Kritikgespräch (Coaching) in der KonDia©-Technik:

Verkaufsleiter, Sven G., stellt einer seiner Mitarbeiter vor Kollegen bloß.

„Herr G. Wie denken Sie darüber, dass ein Vorgesetzter einen Mitarbeiter vor den Augen der Kollegen massiv kritisiert?"
SG:*„Sie meinen bestimmt meinen ,Ausraster' vorhin. Wissen Sie, ich habe diesem Mitarbeiter schon hundert Mal gesagt, dass er sich besser mit dem Leiter der Logistik abstimmen soll."*

„Ich verstehe Ihren ,Ausraster'. Warum jedoch vor den Kollegen? Stellen Sie sich einmal vor, Ihr Vertriebsleiter würde das mit Ihnen so machen. Wie würden Sie reagieren?"

SG: *„Ich wäre stinksauer. Sie haben recht, das war nicht gut von mir. Da muss ich mich mehr zusammenreißen. Soll nicht mehr vorkommen."*

„Prima. Freut mich, wenn es nicht mehr vorkommt. Wie können Sie das gegenüber Ihrem Mitarbeiter wieder gut machen?"
SG: *„Ich werde mich bei diesem Mitarbeiter entschuldigen."*

„Das finde ich sehr gut! Die Fähigkeit, sich ent-schuldigen zu können, wird Sie in den Augen des Mitarbeiters sogar stärken.

Herr G., was halten Sie davon, bei Ihrem nächs-ten Meeting einmal den Umgang untereinander zu thematisieren?

SG: *Das ist ein guter Vorschlag. Ich habe da auch schon so einige Punkte, die mir am Herzen liegen.*"

Auch wenn Ihnen einiges am Herzen liegt, legen Sie unbedingt Wert darauf, das möglichst emoti-onslos zu besprechen.“

Da ich öfter in diesem Unternehmen zu tun ha-be, stellte ich bereits nach einigen Wochen fest, dass sich das Klima im Vertriebsbereich wesent-lich verbessert hat.

Fazit: Der Ton macht die Musik!"

**Hast du dir diese beiden Beispiele aufmerksam durchgelesen?**

Dann sind dir die enormen Vorteile dieser KON-DIA©-Gesprächstechnik, gerade in *Selfness-Coachings,* sicherlich aufgefallen:

- Durch die Wortwiederholungen agierst du gleichzeitig mit den Worten deines Ge-sprächspartners und wendest aktiv die erfor-derliche Empathie an.

- Die KONDIA©-Gesprächstechnik sorgt dafür, dass du ständig ‚am Ball bleibst', nicht das Thema wechselst, und stets konstruktive Fragen stellst.

- Dass sich dein Gesprächspartner ernst genommen fühlt!
- Dass du dein Gespräch ausschließlich in Frageform führst!

Übe diese Gesprächstechnik jeden Tag!

Denke daran:
„Mache du den ersten Schritt.
Der andere wartet schon darauf!"

Du wirst erleben,

- dass deine künftigen Gespräche wesentlich straffer werden,
- du schneller auf den Punkt kommst,
- und es immer zwei Gewinner gibt:
- Du und dein Gesprächspartner!

Nachdem du die KonDia© Gesprächstechnik jetzt ausführlich kennengelernt hast, möchte ich dir hierzu noch eine Gesprächsstrategie vor, die dir im *Selfness-Coaching* Freude machen wird.

## Es ist die EHN©-Strategie,

die ich für meine Coachings bereits Anfang der 90er Jahre des letzten Jahrhunderts entwickelt habe. Es ist eine Strategie, die du sehr leicht mit dem kontrollierten Dialog koppeln kannst. Die Bedeutung der Buchstaben EHN erkennst du direkt auf dieser Seite.

Meine EHN©-Strategie eignet sich ausgezeichnet für die Eröffnung deiner Gespräche und Verhandlungen. Es geht dabei um das strategische Erfragen, Hineinfragen und Nachfragen.

Erfragen:
Stelle bitte immer zuerst eine gezielte *offene Frage*. Zum Beispiel:
*„Wie wichtig ist für Sie die Wartung Ihrer Heizanlage?"*
*„Worauf legen Sie in der Wartung besonderen Wert?"*

Hineinfragen:
Wende hierfür die *Alternativfrage* oder *Richtungsfrage* an. Zum Beispiel:
*„Möchten Sie Ihre Heizanlage ein- oder zweimal pro Jahr warten lassen?"*
*„Können Sie sich vorstellen, dass eine regelmäßige Wartung mehr Sicherheit bietet?"*

Nachfragen:
Setze die *reflektierende Frage* ein. Das vermeidet Missverständnisse und fördert einen erfolgreichen Abschluss. Zum Beispiel:
*„Wenn ich Sie richtig verstanden habe, möchten Sie ……..!"*
*„Darf ich zusammenfassen, was wir besprochen haben?*

Meine dritte Gesprächsstrategie ist ein sehr wirkungsvoller Leitfaden, den ich von meinem ehemaligen Mentor Dr. Rudolf Stoll übernommen habe:

Die 5-Punkte-Formel
eignet sich für jedes Gespräch, jede Verhandlung, Moderation, Präsentation und Rede! Hier
für dich der Ablauf dieser Strategie, mit entsprechenden Formulierungen:

1. Wecke zuerst das Interesse deines Partners /
deiner Zuhörer:
- Was bewegt uns, wenn wir heute ...?
- Wem verdanken wir .......?
- Warum ist es wichtig, dass wir .......?
- Wie kommt es, dass ........?

2. Sage dann, worum es geht:
- Es ist für Sie sicherlich von Bedeutung,
  wenn .......?
- Für mich ist es wichtig, dass .......?
- Ist nicht gerade das der Punkt, den wir .....?

3. Begründe kurz und knapp mit Zahlen, Daten
und Fakten:
- Ich nenne Ihnen hierzu gerne .......

4. Gib Beispiele, die Aufmerksamkeit erregen:
*(Entwicklung. Bisheriger Weg. Markante Punkte.
Bedeutung bis heute.)*
- Haben Sie die Entwicklung ....... verfolgt?
- Denken Sie einmal daran, wie wir.?
- Sind Ihnen die Folgen des ....noch vor Au-
  gen?

92

## 5. Aufforderung zum Handeln / zur Tat:

*Auffordernden Schlusssatz oder Zitat, besinnlich oder humorvoll:*

- Ich fordere Sie auf, ......
- Lassen Sie uns jetzt starten, damit ...
- Ich bitte Sie ........!

Meine Tipps hierzu:

Keine langen Sätze!
Aussagen meist in Frageform!
Keine Konjunktive!

---

*Begegnest du jemandem,*
*der ein Gespräch wert ist,*
*und du versäumst es, mit ihm zu reden,*
*dann hast du einen Menschen verfehlt.*

*Begegnest du jemandem,*
*der kein Gespräch wert ist,*
*und du redest mit ihm,*
*dann hast du deine Worte verfehlt.*

*Weise ist, wer stets den richtigen Menschen und*
*die richtigen Worte findet*

Konfuzius (551-479 v.Chr.)

---

93

Zusammenfassung für deine erfolgreiche
Gesprächsführung im Selfness Coaching

Regeln für das Sprechen:

---

Sprich offen und direkt!
Sage offen, was dich bewegt. Vermeide Vorwür-
fe und schildere einfach, warum du dich wohl
oder unwohl fühlst.

---

Sprich per "ICH"!
Sprich' per ICH ist die beste Voraussetzung für
ein gutes, erfolgsorientiertes + konstruktives
Gespräch.
"Du-, man-, aber- und Wir-Sätze" beinhalten oft
unbewusste Rechtfertigungen und Angriffe Ge-
genreaktionen sind die Folge.

---

Bleibe im HIER + JETZT.
Keine Konjunktivsprache!
Dein Partner versteht besser, was du meinst.
Konjunktive (sollten, könnten, würden, müssten) und Verallgemeinerungen (nie, immer, eigentlich) lösen oft Gegenbeispiele aus, die selten zu Lösungen beitragen. Bleibe beim Thema!
Alte Probleme aufzuwärmen, führt meist zu neu-
en Auseinandersetzungen.

---

Sprich konkretes Verhalten an!
Sätze wie "nun sag' doch auch mal was", oder
"Du solltest....." sind kommunikations-
hemmend. Besser:

"Mich interessiert, was du denkst!"

---

# Regeln für das Reden

| | |
|---|---|
| 1. | **Zeige, dass du zuhörst!** Setze deine aktive Körpersprache ein *(Empathie des Verstärkens)*. |
| 2. | **Stelle offene Fragen!** Dein Partner muss gerne und ohne inneren Zwang antworten können. Negativ ist, wenn sich dein Partner gegen Unterstellungen wehren muss. |
| 3. | **Fasse zusammen!** **Mit dem kontrollierten Dialog!** Wiederhole mit deinen eigenen Worten, was dein Partner gesagt hat. So merkt er, ob alles richtig bei dir angekommen ist, und kann Missverständnisse korrigieren. |
| 4. | **Sage, wie du die Worte deines Gesprächspartners empfindest!** Lobe gutes Gesprächsverhalten. Wenn du mit den Äußerungen deines Partners nicht einverstanden bist, schildere, was gerade in dir vorgeht. |

# Die Selbstexploration im
## *Selfness-Coaching*
(Selbsterforschung / Selbstuntersuchung nach Tausch)

Unter "Selbstexploration" wird verstanden, dass der Mensch über sich selbst, besonders über sein persönliches Fühlen und Denken spricht, sich über dieses klarer wird oder sich deutlich um Klärung bemüht.

Mit persönlichem Fühlen und Denken ist gemeint:

- das eigene innere Empfinden,
- die eigenen gefühlsmäßigen Stellungnahmen und Bewertungen,
- das eigene Verhalten und Erleben,
- die eigenen Ziele und Wünsche,
- das eigene Selbstbild, d.h. die Vorstellung, die ich selbst von mir habe.

Dabei kann es vorkommen, dass der Mensch neue Zusammenhänge in seinem inneren Erleben entdeckt, die ihm bisher kaum oder gar nicht bewusst waren.

Die Antworten zu den Selbstexplorationsfragen werden einer der sieben Selbstexplorations-Stufen zugeordnet.

Diese sind ein fester Bestandteil in der Ausbildung zum *Selfness Personal Coach©*. Die ent-

96

sprechende Stufe ergibt am Ende ein klares Bild zu einzelnen Persönlichkeitsfaktoren im Verhalten, Denken, Reden und Handeln.

Eine herausragende Methode sich selbst erfolgsorientierter und zufriedener auf den Weg zu bringen!

## Fragen für einen Selbstexplorations-Prozess

Zu Beginn bitte deinen Klienten um kurze Antwort zu seinem sozialen Status (z.B. verheiratet, Lebensgemeinschaft, Single, Kinder) und seiner berufliche Aufgabe.

In den folgenden, u. a. auch biografischen Fragen werden einige Denk- und Verhaltensweisen des Klienten vertieft, um herauszufinden, wie er über bestimmte Fragen denkt.

Hierbei werden „trait indicators" angesprochen, die Rückschlüsse auf sein tatsächliches Verhalten zulassen.

01. Welchen persönlichen Eindruck haben Sie von mir?

02. Worüber ärgern  Sie sich über sich selbst am meisten?

03. Was würden Sie tun, wenn Sie machen könnten, was Sie wollten, und warum?

04. Welche persönlichen Ziele haben Sie sich

noch gesteckt, und welche Vorteile bieten Ihnen diese Ziele?

05. Welche Verhaltensfehler sind für Sie unverzeihlich?

06. Was bedeutet Geld für Sie?

07. Was ist in der Erziehung eines Menschen für Sie besonders wichtig?

08. Welche persönlichen Stärken haben Sie?

09. Welche persönlichen Erfahrungen wollen Sie noch sammeln, und warum?

10. Welche Fähigkeiten haben Sie, von denen ich lernen kann?

11. Wie sehen Sie sich als Frau / Mann?

12. Was ärgert Sie bei anderen Menschen am meisten?

13. Was ist für Sie Lebensqualität?

14. Welche Fächer haben Sie in der Schule am meisten gemocht, und welche weniger?

15. Was bringt Sie am schnellsten aus der Fassung?

16. Was ist Freundschaft wirklich für Sie?

17. Welche konkreten beruflichen Ziele verfolgen Sie?

18. Warum haben Sie sich für Ihre Berufsausbildung entschieden? Gab es Alternativen?

19. Worauf legen Sie bei Ihrem Partner besonderen Wert?

20. Wie wichtig ist für Sie Ihr äußeres Erschei-

nungsbild? (Wie kleiden Sie sich selbst am liebsten?)

21. Worauf sind Sie in Ihrem Leben besonders stolz?

22. Welcher Misserfolg ist Ihnen persönlich sehr nahe gegangen?

23. Was wollen Sie schnellstens an sich selbst ändern?

24. Was war bisher Ihr schönstes Erlebnis im Leben?

25. Was ist für Sie der Unterschied zwischen Sex und Liebe?

26. Was war bisher Ihre größte Enttäuschung im Leben?

27. Wovor haben Sie am meisten Angst?

28. Was hätten Ihre Eltern in Ihrer Erziehung besser machen können oder müssen?

29. Mit welcher historischen Persönlichkeit hätten Sie sich gerne einmal persönlich unterhalten?

30. Was findet Ihrer Meinung nach das andere Geschlecht an Ihnen am interessantesten?

31. Was halten Sie selbst an sich für wenig anziehend?

32. Was beinhaltet das Wort ‚Vertrauen' für Sie?

34. Welche Gefühle können Sie selbst am schwersten beherrschen? Was ist für Sie Wertschätzung in der Partnerschaft?

35. Was ist das ‚typische Kind' in Ihnen?

36. Was war ein wichtiger Erfolg für Sie?

37. Geben Sie anderen Menschen gerne persönliche Anerkennung? Wenn ja, wie?

38. Welche Literatur interessiert Sie am meisten?

39. Welche Musik hören Sie besonders gerne?

40. Welche generellen Kernaussagen würden Ihre Freunde, Eltern / Geschwister (bei einer Befragung) über Sie treffen?

41. Was ist für Sie besonders romantisch?

Schlussfragen:

Was ist Ihnen bewusst geworden?
Worüber werden Sie intensiv nachdenken?
Was möchten Sie als Erstes in Angriff nehmen?

> Die Selbstexploration ist eine wirkungsvolle Methode zur Selbstmotivation.

# Fragenorientierte Bewertungskriterien:
(Schulnoten-System)

| | | 1 | 2 | 4 | 5 |
|---|---|---|---|---|---|
| 1. | Beantwortet konkret die gestellten Fragen, ohne ‚Schwafelei'. | | | | |
| 2. | Das Ausdrucksvermögen ist stark verbesserungsbedürftig. | | | | |
| 3. | Seine Sprache wirkt dynamisch und engagiert. | | | | |
| 4. | Reagiert bei gestellten Fragen meist mit Gegenfragen. | | | | |
| 5. | Redet zu sehr in Selbstausreden und vor allem von sich weg. | | | | |
| 6. | Redet pseudo-offen, viel, rechthaberisch und behauptend. | | | | |
| 7. | Redet offen und gradlinig über persönliche Themen (z.B. Erziehung, Partnerschaft, Sexualität, Beruf) | | | | |
| 8. | Sendet ICH-Botschaften (eigenes Fühlen, Denken und Handeln) mit hoher Akzeptanz und ausgeprägtem Selbstwertgefühl. | | | | |
| 9. | Die geistige Beweglichkeit dokumentiert sich durch individuelle Kontaktmuster, (kreativ-spontan-empathisch). | | | | |
| 10. | Ist aufmerksam und höflich (auditive Umgangsformen) | | | | |
| 11. | Das Gespräch zeichnet sich durch eine hohe Aufrichtigkeit und gegebenes Vertrauen aus. | | | | |

# Stärke dein Selbstbewusstsein im *Selfness Coaching*!

Für deine erfolgreiche Positionierung im Beruf und in der Gesellschaft gelten folgende sechs Leitsätze, die dein Selbstbewusstsein stärken, und die du im *Selfness Coaching* besprechen und planen kannst.

### 1. Mache auf dich aufmerksam!

Wie kannst du das tun? Welche Möglichkeiten gibt es? Schlage doch einfach einmal deine Tageszeitung auf. Hier findest du eine Fülle von Veranstaltungen, die dich interessieren werden.

Tipp 1:
Gehe hin, nimm als Gast oder Besucher teil. Verteile deine Visitenkarten. Wenn du keine Visitenkarten hast, lasse dir schnellstens welche drucken.

Tipp 2:
Bist du Mitglied in Vereinen, Verbänden oder sonstigen Gruppierungen? Dann nimm jede Gelegenheit wahr, an deren Sitzungen, Treffen oder Veranstaltungen teilzunehmen.

Tipp 3:
Beteilige dich aktiver als andere an den Meetings, Besprechungen oder Veranstaltungen. Das signalisiert Interesse, erhöht die Aufmerksamkeit bei einflussreichen Multiplikatoren oder Führungskräften, die dich letztlich weiter bringen können.

## 2. Nimm an Netzwerken teil, und baue eigene Netzwerke auf!

Du musst wild darauf sein, stets neue Kontakte zu sammeln, diese auszuwerten, und die wertvollen Kontakte auszubauen.
Merke:
„Kontakte sind nicht alles, doch alles ist nichts ohne Kontakte!"

Wenn du gut ‚vernetzt' bist, erhöhen sich deine Chancen und Möglichkeiten für dein persönliches Wachsen und Werden!

Einzelkämpfer geraten wesentlich schneller in die Isolation und ins kommunikative Abseits!

Tipp 1:
Nutze das soziale Netzwerk ‚Facebook'. Baue hier deinen eigenen Facebook-Freundeskreis auf! Kontrolliere deinen Freundeskreis jedoch regelmäßig und trenne dann die Spreu vom Weizen!

Tipp 2:
Wertvolle Businesskontakte findest du in XING. Nimm hier nur Kontakte auf, mit denen du intensiv kommunizieren willst. Nicht die große Zahl deiner Kontakte ist entscheidend. Hier gilt vielmehr: less is more!

Tipp 3:
Überprüfe deinen persönlichen Freundes- und Bekanntenkreis nach folgenden Kriterien:

Wer ist ein sehr guter Freund?

Wer ist ein sehr guter Bekannter?
Wer kann, und wird mich unterstützen?

## 3. Übernimm Verantwortung!

Signalisiere beruflich besonders gegenüber deinen sozialen Partnern, dass dir deine Tätigkeit wichtig ist, und Freude macht. Agiere nach dem Motto: z. B: „Nur wenn es meiner Familie gut geht, geht es auch mir gut!"

Das kannst du auch sinngemäß für deine Freunde, deinen Verein, deine Firma anwenden.

Nur einen guten Tag zu vollbringen reicht nicht mehr aus.

Tipp 1:
Übernehme gerne und leidenschaftlich Verantwortung für Aufgaben. Positioniere deine Stärken in wirkungsvollen Tätigkeits- und Lebensbereichen. Setze dein verantwortungsvolles Engagement besonders auch in Krisenzeiten ein!

Tipp 2:
Überhole ‚Drückeberger' und ‚Nicht-Wollende' wenn es um Aufgaben geht, die diese nicht gerne tun.

Tipp 3:
Werde zur Droge für deine Vorgesetzten, deine Familie, deinen Freundes- und Bekanntenkreis! Das wirst du durch dein Engagement und dein überdurchschnittliches Verantwortungsgefühl erreichen!

104

## 4. Beeindrucke mit deinen Umgangsformen!

Kennst du dieses Sprichwort?

„So wie du dich siehst, wirst du gesehen!"

Mit deinen Umgangsformen signalisierst du deinen Führungskräften, deinen Kollegen und deinen sozialen Kontakten wichtige Wertschätzung.

Hierbei dokumentierst du selbst auch deine Wichtigkeit.

Mit beeindruckendem Benehmen, natürlicher Höflichkeit, ansprechender Kleidung und gutem Ausdrucksvermögen wirst du zu einem Magneten für alle Menschen in deinem beruflichen, sozialen und privaten Umfeld!

Tipp 1:
Nimm an einem ‚Knigge-Kurs' teil, oder lese und verarbeite entsprechende Literatur.

Tipp 2:
Lege Wert darauf, deinen eigenen Stil zu entwickeln. Kopiere nicht andere!

Tipp 3:
Lasse dich einmal in Richtung Outfit beraten. Du erfährst dann welche Kleidung und welche Farben zu deinem Erscheinungsbild passen.

## 5. Erweitere dein Wissen!

Fort- und Weiterbildung gehört heute zum Alltag eines jeden Menschen, der weiter kommen will. Das sorgt auch für einen besseren Karriere-Weg. Es liegt an dir selbst, ob du weiter kommen willst, oder nicht!

Tipp 1:
Warte nicht nur darauf, dass dir deine Firma Fortbildungsmöglichkeiten anbietet.

Tipp 2:
Ergreife selbst die Initiative! Melde dich selbst zu professionellen Seminaren, Trainings, Workshops oder Coachings an. Die entsprechenden Gebühren sind bezahlbar und eine lohnenswerte Investition in deine ganz persönliche Zukunft!

Tipp 3:
Sprich hinterher mit deinem Vorgesetzten über die Inhalte des Seminars, an dem du teilgenommen hast. Nicht vorher, damit der Überraschungseffekt auf deiner Seite ist.

## 6. Bereite dein soziales Umfeld auf deine Ziele vor!

Mit der Planung deines beruflichen Fortkommens, und der damit verbundenen zusätzlichen Verantwortung erhöht sich naturgemäß das Spannungsfeld „Beruf – Familie – Freizeit"!

Ich kenne niemanden, der dieses Spannungsfeld zur Zufriedenheit aller gelöst hat.

## Bilder von der Ausbildung zum *Selfness Personal Coach©* in Andalusien

# Szenen von der Ausbildung
## zum *Selfness Personal Coach*©

# Drei Coaching-
# Beispiele
# in
# Kurzfassung

# Ein ungewöhnlicher Wunsch!

Es war 2005, da bat mich ein Unternehmer, der im Rahmen von Mitarbeiter-Trainings heute noch mein Klient ist, um ein Coaching. Er bestand auf eine lösungsorientierte Einzelberatung.

Wir trafen uns in einem abseits gelegenen Hotel, in dem mein Klient für drei Tage eine Suite gebucht hatte. Flip-Chart, genügend Papier, und weitere Arbeitsmaterialien waren vorhanden.

Welche Aufgabe, bzw. welches Problem sollte gelöst werden?

Mein Klient schilderte mir Folgendes:

„Ich ärgere mich seit Monaten darüber, welche Einstellungen vieler meiner Mitarbeiter zu ihrer Tätigkeit in meinem Unternehmen haben. Das gilt vorwiegend für meine Unternehmensbereiche Vertrieb und Marketing. Ich wünsche mir, dass wichtiges Verhalten gegenüber unseren Kunden in unserer internen Kommunikation von jedem unserer Mitarbeiter positiv und nutzenorientiert erfolgt. Hierfür möchte ich die aus meiner Sicht wesentlichen Punkte eingesetzt wissen. Was können wir beide  gemeinsam erarbeiten?"

Wir erarbeiteten eine persönliche „Willenserklärung", die jeder Mitarbeiter als Empfehlung in der kommenden Woche schriftlich erhält, und die wir danach in kleinen Arbeitsgruppen besprechen .

Das Ergebnis war überraschend positiv. Weitaus besser als wir vorher dachten. Da ich in diesem Unternehmen heute noch berate und coache, weiß ich, dass dieses Unternehmen Erfolg hat. Die „persönliche Willenserklärung" ist für alle Mitarbeiter im Vertrieb zur Philosophie geworden. Schau sie dir an, und entdecke die Vorteile:

## Die persönliche Willenserklärung!

### 1. Der Kundennutzen geht vor!

Ich denke und handle stets kundenorientiert:

Was will er wissen?
Was erwartet er?

Wie kann ich seine Wünsche erfüllen?


Jede Reklamation meiner Kunden genießt höchste Priorität. Sie wird noch vor neuen Aufträgen erledigt!

### 2. Geben und Nehmen!

Mein Verhalten soll zu einer intensiven Bindung mit meinem Kunden führen.

Nur dauerhafte Beziehungen sichern steigende Erfolge und meinen Arbeitsplatz.

Meine Aufschläge und Forderungen sind fair und marktgerecht. (Noch nie hat jemand einen Streit mit einem Kunden gewonnen.)

## 3. Fairness!

Auf mich ist Verlass.

Ich bin offen und fair.

Faule Ausreden' dulde ich nicht.

Fehler gebe ich zu.

Ich entschuldige mich gern, auch für meine

Arbeits- und Teampartner!

Bei gemeinsamen Geschäften wird nicht 'geschummelt'! Ich halte meine Versprechen ein oder sage frühzeitig ab!

Mein geschäftliches Wissen dient ausschließlich meiner Firma!

Initiativen zum privaten Gebrauch sind unmoralisch und werden als Diebstahl verfolgt!


## 4. Kommunikation und Information!

Ich informiere und kommuniziere aktiv.

Ich 'pushe' meine Partner und Kunden.

Ich gehe hin, rufe an, statt auf Antwort zu warten

Bei jeder Art von Mahnung kämpfe ich um Aufklärung und Annullierung der Mahnfolgen.

Mahnungen sind Beleidigungen meines Handelns.


## 5. Anerkennung und Kritik!

Ich erkenne gerne und oft gute Leistungen und

gute Umgangsformen an.

Das fördert Teamgeist + Kundenbindung.

Ich formuliere Kritik aufbauend und konstruktiv.

Für mich geht es dabei stets um die Sache und nicht um die Person

Falls ich mich emotional dennoch einmal 'verlieren' sollte, bin ich auf keinen Fall nachtragend.

## 6. Wissen ist Macht!

Ich "glaube, meine, vermute, denke...." nicht.

Ich weiß es, oder ich weiß es nicht!

Ich kenne die Fakten, kann diese belegen, oder stelle entsprechende Fragen.

## 7. Selbstkritik!

Ich stelle Aufgaben, Lösungen und Abläufe ab und zu  infrage.

Nobody is perfect.

Um meinen persönlichen kontinuierlichen Verbesserungsprozess voranzutreiben, verlasse ich übliche Pfade, Formulierungen und Routinen.

Ich prüfe dabei, was ich noch tun kann, um zu den Besten zu zählen.

Wer aufhört, sich zu verbessern, hört auf GUT zu sein!

## 8. Computer Outputs!

Ich überprüfe und bewerte diese besonders kritisch.

Sind sie inhaltlich richtig, logisch und vollständig?

Erhält mein Partner oder Kunde, was er sich wünscht?

Kann ihn noch etwas anderes zusätzlich interessieren?

Kann ich ihn noch besser und ausführlicher informieren?


## 9. Korrespondenz / Kontakt!

Ob Brief, Fax oder Mail: ich formuliere kreativ, gut und treffend.

Gestalterisch halte ich mich an unser Corporate Design.

Abgenutzte Formulierungen und Worthülsen verzeihe ich mir nicht, da diese mein Persönlichkeitsimage verletzen.

Ich schreibe fehlerfrei und nutze die automatische Fehlerkorrektur ständig.

Im Rahmen meines Kundenmanagements kontakte ich regelmäßig, gemäß unserer Kundenstrukturanalyse.


## 10. Klima und Teamgeist!

Grundsatz: Wir arbeiten alle für den Erfolg unseres Unternehmens!

Ich 'schotte' mich nicht ab.

Ich denke nicht in 'Kästchen'.

Ich mische mich ein, falls nötig.

Ich helfe dem anderen, wenn er es wünscht.

Ich spreche Störungen direkt an, und schiebe sie nicht auf die lange Bank.

Ich stelle Einzelne in keinem Fall vor anderen bloß.

Ich bitte in Abständen für mich wichtige Kollegen und Vorgesetzte um Feedback.

Ich halte Versprechungen ein.

---

*Der Mensch hat dreierlei Wege*
*klug zu handeln:*

*erstens durch Nachdenken,*
*das ist der edelste;*

*zweitens durch Nachahmen,*
*das ist der leichteste;*

*drittens durch Erfahrung,*
*das ist der bitterste...*

*Konfuzius*

---

## 11. Kostenbewusstsein!

Ich überlege ständig, wie und wo unproduktive Kosten gesenkt und reduziert werden können.

Meine Überlegungen stelle ich mindestens fünfmal pro Jahr schriftlich zur Diskussion.

Diese Willenserklärung mit sich selbst ist ein wichtiger Baustein für meine strategische Entwicklung zum Kundenmanager!

Ich werde meine Willenserklärung stets auf meine persönlichen Intentionen abstimmen!

Meine Willenserklärung habe ich ausführlich mit meinem Vorgesetzten und meinen Kollegen besprochen.

Wir vereinbarten ein monatliches Feedbackgespräch im Team  für die Dauer eines halben Jahres.

Datum:                    Unterschrift:

## „Ich bin zu nachgiebig."

In meinen Coachings fällt mir immer wieder auf, dass meine Klienten mehr darauf achten, was andere wohl denken und sagen, statt sich selbst in den Vordergrund zu stellen.

Anderen immer gerecht werden zu wollen, ist anstrengend, frisst Energien und schwächt Deine Persönlichkeitswirkung!
Ganz abgesehen davon, dass du gerade von den anderen oft benutzt oder gar ausgenutzt wirst, ohne es zu merken.

So erging es auch meiner Klientin Susanne Becker. Sie funktionierte in den Augen der anderen stets wohlgefällig. Susanne wurde somit zum Liebling in ihrem Freundes- und Bekanntenkreis. Sie war ‚pflegeleicht', angepasst, und erregte kein besonderes Aufsehen.

Susanne, verheiratet, zwei Kinder, tat alles, um gemocht und geliebt zu werden. Kritik und Streit ging sie stets mit Erfolg aus dem Weg. Sie genoss den Ruf einer guten Seele, und merkte nicht, dass sie bereits selbst ihr eigenes Opfer war. Bis zu dem Tag, als sie mich anrief, und um einen Gesprächstermin bat.
Jetzt saß sie vor mir:

SB: „Ich hörte von einer Bekannten, dass Sie auch Menschen wie mich coachen. Wissen Sie, eigentlich frage ich mich jetzt gerade, warum ich zu Ihnen gekommen bin. Im Grunde ist alles in Ordnung, und ich bin auch zufrieden. Nur manchmal denke ich, dass ich zu nachgiebig bin.

Aber da kann ich schlecht aus meiner Haut raus."

*„Warum denken Sie, zu nachgiebig zu sein?"*

SB: „Neulich zum Beispiel diskutierten wir im Freundeskreis über Kindererziehung. Mein Mann und eine Freundin, sie ist Lehrerin, vertraten einen Standpunkt, den ich absolut nicht akzeptieren konnte. Ich wollte eigentlich sagen, was ich davon halte, doch ich kann meinem Mann doch nicht in den Rücken fallen, oder?

*„Was wäre denn geschehen, wenn Sie es getan, und Ihre Meinung deutlich vertreten hätten?"*

SB: „Ich glaube, mein Mann wäre sauer auf mich gewesen! Und auch unsere Freundin, die Lehrerin, hätte sich gewundert, und bestimmt gefragt, was mit mir los ist."

*„Ist es schon öfter passiert, dass Sie Ihre Meinungen und Standpunkte lieber für sich behalten haben?"*

SB: „Ja, und hierüber ärgere ich mich oft über mich selbst."

*„Was glauben Sie ist der wahre Grund für Ihr Verhalten in solchen Situationen?"*

SB: „Ich denke, dass die anderen dann denken, dass ich mich nur wichtig machen will, oder mich zu sehr in den Vordergrund dränge."

*„Woher wollen Sie wissen, was andere denken,*

*wenn Sie es nicht ausprobieren, und Ihre Meinung offen sagen?"*

SB: „Da haben Sie recht. Das hat mir meine beste Freundin auch schon mal gesagt.

Doch wissen Sie, das ist wirklich nicht einfach für mich."

*„Haben Sie Angst, dass Sie dann in den Augen der anderen negativer gesehen werden?"*

SB: „Offen gesagt schon. Es gibt vieles, womit ich innerlich nicht einverstanden bin."

*„Das heißt mal provozierend gesagt, Sie lassen sich leben, und werden von anderen gelebt. Ist das so?"*

SB: „Also, ganz so ist das nicht. Wenn es mir zu bunt wird, sage ich schon was ich meine. Meistens jedoch zu laut."

*„Was könnten Sie tun, um Ihre Befürchtungen und Annahmen, was die anderen wohl denken, abzubauen?"*

SB: „Ich müsste einfach nur sagen, was ich denke!"

*„Genau das ist es. Wie können Sie das schaffen?"*

SB: „Deshalb bin ich ja zu Ihnen gekommen."
*„Was halten Sie davon, wenn wir beide jetzt einen kleinen Fragenkatalog erarbeiten, und Sie*

*diese Fragen zunächst Ihrem Mann, Ihren Kindern, und Ihren Freundinnen stellen?"*

SB: „Das finde ich gut. Wahrscheinlich werde ich diese Fragen am Anfang ablesen, da ich sicherlich aufgeregt sein werde. So etwas habe ich ja noch nie gemacht."

*„Das können Sie gerne tun. Wichtig ist nur, dass Sie diese Fragen auch wirklich stellen."*

Elf Wochen später trafen wir uns zum zweiten Mal. Susanne Becker war nicht wieder zu erkennen. Strahlend saß sie vor mir.

SB: „Einfach verrückt. Es hat geklappt. Nun wollen plötzlich viele wissen, was ich denke und meine. Ich glaub' es nicht. Besonders bei der Frage, was könnte ich besser machen, haben mein Mann und zwei Freundinnen gesagt, dass ich öfter sagen müsste, was ich denke."

Heute, zwei Jahre später, ist Susanne Becker Vorsitzende im Elternbeirat geworden und leitet einen kommunalpolitischen Arbeitskreis.

Befürchtungen, Ängste oder sogenannte Annahmen verschwinden, wenn Du erst nachfragst, bevor Du Deinen Standpunkt nennst!
Die Formel ist ganz einfach:

Erst fragen, dann sagen!

## „Die unzufriedene Ehefrau Kerstin T."

„Frau T., was möchten Sie mit mir besprechen?"

KT: *„Wissen Sie, ich bin einfach sauer. Mein Mann lässt sich durch seine Firma völlig einnehmen. Er hat kaum Zeit für mich und unsere Kinder. Wenn ich ihn etwas frage, ist er immer kurz angebunden. Verlässliche Privattermine sind so gut wie gar nicht mehr möglich. Wir hatten früher zwar weniger Geld, doch lief es zwischen uns wesentlich besser."*

„Ich kann gut verstehen, dass Sie sauer sind. Haben Sie denn diesen Punkt einmal ausführlich mit Ihrem Mann besprochen?"

KT: *„Das können Sie vergessen. Er verspricht zwar Besserung, doch gebessert hat sich in Wirklichkeit nichts."*

„Bleiben wir mal bei der Wirklichkeit. Welche Möglichkeiten fallen Ihnen ein, damit sie beide mehr Zeit füreinander haben könnten?"

KT: *Wir müssten einfach mal einen Zeitplan für uns festlegen. Aber das habe ich ihm ja auch schon gesagt."*

„Haben Sie denn für sich selbst einen Zeitplan?"

KT: *„Ja, den hab' ich. Ich bin hier im Ort in drei Vereinen aktiv."*

Das heißt, Sie sind an drei Abenden aktiv und nicht zu Hause?"

KT: *„Stimmt!"*

„Wenn das stimmt, erwarten Sie von Ihrem Mann, dass er sich dann Zeit nimmt, wenn Sie zu Hause sind. Ist das so?

KT: *„Da haben Sie recht. So hab' ich das noch gar nicht gesehen."*

*„Wenn ich recht habe, was wäre für Sie eine Lösung?"*

Ergebnis: Frau T. hat sich mit ihrem Mann geeinigt, und ist sogar in einem Verein passives Mitglied geworden.

Beide sind jetzt zwei Abende füreinander da.

Fazit: Wo ein Wille, da ein Weg!

---

*Gehe nie aus einem
Gespräch,
ohne dem anderen
die Gelegenheit zu geben,
mit Dankbarkeit an dieses
Gespräch zurückzudenken.*

Adolph Freiherr von Knigge
(1752 - 1796),

---

## Der *Selfness Personal Coach*©

Insbesondere erfahrene Menschen eignen sich am besten für eine solche anspruchsvolle Tätigkeit. Trotzdem sollte immer berücksichtigt werden, dass auch ein Coach nicht unfehlbar ist. Verlangt werden unter anderem folgende Fähigkeiten:

- Gute Kommunikations- und Kooperationsfähigkeiten,
- hohe Sensibilität,
- psychologische und soziale Kompetenz,
- Distanz und Neutralität,
- absolute Diskretion,
- Erfahrung als Berater und Trainer,
- Wertschätzung und Akzeptanz.

## Qualifikationen eines Coaches

Coaching spielt in der heutigen sich schnell ändernden Umwelt eine immer wichtigere Rolle. Da die Nachfrage nach Coaching permanent steigt, steigt auch zwangsläufig das Angebot. Aufgrund dessen ist bei der Wahl des Coaches Vorsicht geboten.

Folgende Kenntnisse und Fähigkeiten sollte ein erfolgreicher Coach mitbringen:

- Fundierte Kenntnisse, eventuell eine entsprechende Ausbildung.

- Mehrere Jahre des erfolgreichen Arbeitens auf seinem Gebiet und Regelmäßiges unter Beweis stellen seiner Arbeit und Fähigkeiten, z. B. auf Veranstaltungen.

- Gesprächsführung lösungsorientierter Selbstexplorationen.

- Guter Umgang auch mit Aspekten des privaten Lebens seiner Klienten.

- Schnelle Auffassungsgabe und gutes Einfühlungsvermögen.

Persönliche Kompetenz

- Selbst- und Lebenserfahrung,

- Fähigkeit zur realistischen Selbsteinschätzung (Wahrnehmung der eigenen Stärken und Schwächen),

- Mehrjährige Beratungserfahrung,

- Regelmäßige Reflexion der eigenen Arbeit,

- Ständige Fort- und Weiterbildung,

- Fähigkeit, zuhören zu können,

- Interesse an den Zielen und Wünschen seiner Klienten,

- Konfrontationsbereitschaft,

- Neutralität, Vorurteilsfreiheit, Unabhängigkeit und Offenheit,

- Zivilcourage und Autorität,

- Standfestigkeit im Vorgehen und Flexibilität im Inhalt,

- Empathie, emotionales Einfühlungsvermögen,

- Glaubwürdigkeit, persönliche Integrität, Kongruenz,

- Kritische Loyalität gegenüber dem Klienten,

- Diskretion, absolute Verschwiegenheit bezüglich der Inhalte des Coachings.

Darüber hinaus ist eine ständige Weiterbildung notwendig. Dies ist deswegen besonders hervorzuheben, weil der Coach als Feedback-Geber seines Klienten nicht zu einem "Zerrspiegel" werden darf.

---

*Gedacht heißt nicht immer gesagt,*
*gesagt heißt nicht immer*
*richtig gehört,*
*gehört heißt nicht immer*
*richtig verstanden,*
*verstanden heißt nicht immer*
*einverstanden,*
*einverstanden heißt nicht immer*
*angewendet,*
*angewendet heißt noch lange nicht*
*beibehalten.*

Konrad Lorenz (1903-89

## Welche Fähigkeiten sollte ein *Selfness Personal Coach©* mitbringen?

Für einen *Selfness Personal Coach©* sind unter anderem folgende Fähigkeiten wichtig:

- Gute Kommunikations- und Kooperationsfähigkeit,
- hohe Empathie,
- psychologische und soziale Kompetenz,
- notwendige Distanz und Neutralität zu Zielen, Wünschen und Problemen,
- absolute Verschwiegenheit und Diskretion,
- offene, lösungsorientierte Gesprächsführung
- frei von behindernden Hemmungen und Blockaden,
- Wertschätzung und Akzeptanz.

## Was qualifiziert einen *Selfness Personal Coach©* unter anderem?

- Besitzt er psychologische Kenntnisse?
- Ist er schon länger auf seinem Gebiet tätig?
- Kenntnisse über die Unternehmensstruktur und das betriebliche Umfeld.
- Setzt er lösungsorientierte Gesprächstechniken ein?
- Pflegt er einen guten Umgang mit seinen Klienten?

- Hat er eine schnelle Auffassungsgabe und ein hohes Einfühlungsvermögen?

## Welche persönlichen Kompetenzen werden unter anderem von einem *Selfness Personal Coach*© erwartet?

- Selbst- und Lebenserfahrung.
- Fähigkeit zur realistischen Selbsteinschätzung.
- Wahrnehmung der eigenen Stärken und Schwächen.
- Ausreichende Beratungserfahrung.
- Permanente Weiterbildung.
- Fähigkeit, zuhören zu können.
- Hohe Aufmerksamkeit.
- Interesse an den Anliegen seines Klienten.
- Konfrontationsbereitschaft.
- Frei von Vorurteilen, Unabhängigkeit und Offenheit.
- Zivilcourage.
- Autorität und Flexibilität.
- Loyalität gegenüber seinem Klienten.
- Diskretion, absolute Verschwiegenheit bezüglich der Inhalte des Coachings.

# Kompetenzbereiche für einen
## *Selfness Personal Coach*©

Die Standards des österreichischen Coaching-Dachverbandes unterscheiden acht verschiedene Kompetenzbereiche. Diese habe ich einmal für dich modifiziert, aufbereitet und aufgelistet. Meinen österreichischen Kollegen empfehle ich eine Mitgliedschaft in diesem Dachverband.

### Fachkompetenz
Es zeigt sich, dass Coaching-Klienten von ihrem *Selfness Personal Coach*© Fachkenntnisse erwarten.

### Rollenkompetenz
Der *Selfness Personal Coach*© sollte in mehreren Rollen sattelfest sein, um die Bandbreite in seinem Coaching voll und ganz nutzen zu können.

### Führungskompetenz
Der *Selfness Personal Coach*© muss keine Führungskraft sein, jedoch Fähigkeiten und Fertigkeiten zur Leitung des Gesprächs und zum Gestalten des Coaching-Prozesses besitzen.

### Selbstreflexionskompetenz
Der *Selfness Personal Coach*© sorgt für sich selbst, indem er die eigenen Aktivitäten mit einer Fachperson hinterfragt, überprüft und aus anderer Perspektive als der eigenen nochmals betrachtet.

Prozesskompetenz
Die Fähigkeit zum Denken in Abläufen und pro-
zessualen Abläufen ist eine der Kernaufgaben
des *Selfness Personal Coaches*©.

Vernetzungskompetenz
Ein *Selfness Personal Coach*© braucht verschiedene Blickwinkel nicht nur für die Einzelperson,
sondern auch für die Beziehungen und die sozialen Strukturen, in die sein Klient eingebettet ist,
und auch für organisatorische Aspekte.

Interaktionskompetenz
Der *Selfness Personal Coach*© sollte über gute
bis ausgezeichnete Kommunikationsfähigkeiten
verfügen und Kommunikationswerkzeuge professionell nutzen können.

## Die formale Qualifikation eines *Selfness Personal Coaches*©

Die Tätigkeit des Coachings unterliegt keinem
formalen Qualifikationsnachweis. Daher kann
sich der *Selfness Personal Coach*© auch als solcher bezeichnen, ohne gegen rechtliche Bestim-
mungen zu verstoßen. Einschränkungen ergeben
sich lediglich durch Inhalt, Ziel und Zweck der
Berufsausübung.

Wer den Beruf als *Selfness Personal Coach*©
selbstständig ausüben möchte, sollte sich daher
mittels Gewerbeschein für Unternehmensbera-
tung oder Lebens- und Sozialberatung absichern.

Lebens- und Sozialberatung ist die professionelle Beratung und Betreuung von Menschen
in Problem-, Ziel- und Entscheidungssituatio-
nen

.Der *Selfness Personal Coach©* kann hierbei
auch Paare, Familien, Teams und Gruppen beim
Erarbeiten von Lösungen unterstützen und beraten (Team-Coachings).

## Ausbildung zum
## Selfness Personal Coach©

# Psychologische Bereiche und Themen für ein lösungsorientiertes Selfness-Coaching

### Identität

Die Fragen nach der Identität – „Wer bin ich? Wer will ich sein? Bin ich so, wie die anderen mich sehen?" – stellen sich vielen Menschen, manchmal offen, manchmal in einer Krise versteckt, in verschiedenen Lebensphasen und -situationen, je nach sozialem Umfeld und persönlichem Erleben.

Nicht alle kennen diese schmerzliche Thematik. Von Identitätsproblemen Betroffenen fällt es meist schwer, sich selbst anzunehmen oder sich in ihrer Umwelt zu behaupten. Das können Jugendliche mit Eltern aus unterschiedlichen Kulturen sein, oder Menschen, die starkem Druck oder Bedrohungen ausgesetzt sind oder waren, wie etwa Flüchtlinge, Gemobbte, oder Menschen, die wegen ihres sexuellen oder sonstigen Verhaltens von anderen Ablehnung erfahren, oder alte Menschen, die ihre gewohnte Umgebung und Orientierung verlieren, und viele andere.

Die Erscheinungsformen von Identitätsproblemen sind vielfältig. Lebens- und SozialberaterInnen helfen hier mit klaren Schritten, die quälenden Zweifel zur Ruhe zu bringen und das Selbstbild im positiven Bereich zu stabilisieren.

## Kommunikation

Kommunikationsprobleme entstehen dort, wo wir uns – aus welchen Gründen auch immer – nicht ausreichend mitteilen können oder unser Gegenüber dies nicht kann oder will. Auch können unsere Mitteilungen von unserer Umwelt verschiedenartig interpretiert oder verstanden werden. Diese vielfältigen Problemsituationen zu meistern und klare, unmissverständliche Kommunikation in Gang zu bringen, ist einer der Tätigkeitsbereiche der Lebens- und SozialberaterInnen. Sie analysieren die individuelle Gesprächsführung und helfen, verbale und nonverbale Kommunikation sicherer zu meistern. So kann die Kommunikation wieder „fehlerfrei" ablaufen.

## Mobbing

Dieser Begriff steht für „Psychoterror", also ständiges und wiederholtes Schikanieren und seelisches Verletzen mit dem Ziel, den Betroffenen oder die Betroffene zu „vernichten". Lebensberatung kann sowohl Mobbingopfer in ihrer persönlichen Situation unterstützen, als auch in Team- und Gruppenarbeit bestehende Mobbing Situationen beenden und ein Klima entwickeln, in dem Mobbing unterbleibt. Abgesehen vom menschlichen Leid verursacht Mobbing durch Arbeitsausfall und Frühpensionierung volkswirtschaftliche Schäden in Milliardenhöhe. Mobbing kommt aber nicht nur am Arbeitsplatz vor, sondern auch in der Schule, in Sportvereinen, im Altersheim oder im Internet.

## Stress

Kurzzeitige Stressphasen im Beruf sind zwar normal, doch wenn sie zum Dauerzustand werden, können sie die Seele krank machen. Ein Teufelskreis beginnt: Das nahende Burnout raubt einem die Kraft. Man macht Fehler, die wieder zusätzlich Arbeit verursachen. Am meisten verbreitet ist das Burnout bei Berufen mit nahem Kontakt zu anderen Menschen: Lehrer, Pflegepersonal, Polizisten, Manager.

Das Ausbrennen kann aber prinzipiell jeden und jede treffen. Wichtig ist die Früherkennung, und dass man auf die Signale des Körpers hört. Professionelle Lebensberatung hilft hier, Mittel und Wege zu finden loszulassen und Widerstandsfähigkeit aufzubauen.

Der Alltag wird durchleuchtet und neu strukturiert. Die Lebensberater/innen helfen, den Weg zu sich zurückzufinden, das Leben ein Stück zu entrümpeln und wieder mehr Freiraum zu spüren.

## Neuorganisation

Eine Neuorganisation des Lebens wird nötig, wenn außergewöhnliche Situationen eintreten, dadurch Belastungen anwachsen und ein erträgliches Maß übersteigen. Solche Situationen sind beispielsweise der Wechsel des Berufs, die Trennung vom Partner oder der Partnerin, die Betreuung einer behinderten oder gebrechlichen Person zu Hause oder ein Umzug in eine neue Umgebung.

## Sexualberatung

Sexualberatung hilft Einzelnen und Paaren, ihre Sexualität zu verbessern und mehr Intimität, Befriedigung und Freude in ihr Leben zu bringen. Lebensberatung hilft dabei, mögliche Ursachen in individuellen psychischen Problemen, Konflikten zwischen den Partnern oder einschränkende Einstellungen zur Sexualität aufzulösen oder bei Bedarf fehlendes Hintergrundwissen zu vermitteln.

Nach wissenschaftlichen Untersuchungen sind 96 Prozent der sexuellen Probleme psychischer Natur und haben keine physiologischen Ursachen. Daher ist Sexualberatung ein gut geeignetes Mittel zur Lösung sexueller Schwierigkeiten. Sexualberatung bedient sich dabei unterschiedlicher Methoden, die eines gemeinsam haben: die respektvolle, auf die Klienten persönlich zugeschnittene Gesprächsführung in einem sicheren Rahmen. Hier kann über Intimes, Heikles oder Tabuisiertes gesprochen werden.

## Partnerschaft

Paarberatung hilft dabei, festgefahrene Kommunikationsmuster zu durchbrechen. Dazu gehört, einen konstruktiven Umgang mit Konflikten zu erlernen, um verletzende Kritik, Schuldzuweisungen und Kränkungen zu vermeiden. Gemeinsam mit dem Paar arbeitet der Lebensberater oder die Lebensberaterin Problembereiche heraus und formuliert Ziele.

Manchmal ist das Ziel auch herauszufinden, ob man zusammenbleiben oder sich trennen will.

Auch das System „Familie" ist ein großes Arbeitsfeld der LebensberaterInnen. In die Familienberatung werden unter Umständen auch die Kinder mit einbezogen.

## Validation

Validation ist eine einfühlsame Methode, alten Menschen mit Achtung und Respekt zu begegnen und ihnen ihre Wirklichkeit zu lassen. Validation ist eine philosophische Haltung, dem alten Menschen mit Achtung und Wertschätzung zu begegnen und ihn bei der Bewältigung seiner letzten Lebensaufgaben zu unterstützen.

## Trennung

Trennung und Verlassen werden und auch das aktive Verlassen oder Gehen wollen – aus verschiedensten Gründen und Ursachen – können Betroffene in schwere Krisen stürzen, die sie nicht immer allein bewältigen können. Hier hilft Lebensberatung zuerst durch professionelle Krisenintervention und danach mit Unterstützung in der Bewältigung der Trennung, bei Trauer und Schuldgefühlen und bei der Neustrukturierung des Lebens.

---

*„Das Durchschnittliche gibt der Welt*
*ihren Bestand,*
*das Außergewöhnliche*
*ihren Wert."*

Oscar Wilde

---

135

# Berufsbegleitende Grundausbildung per online zum *Selfness Personal Coach*©

Voraussetzungen:

- mindestens 25 Jahre alt,
- abgeschlossene Berufsausbildung,
- kommunikativ offen und neugierig,
- auf die eigene Attraktivität Wert legen,
- sehr gute Umgangsformen,
- absolut diskret und verschwiegen,
- Menschen gerne fördern wollen,
- Erstgespräch mit Prof. Dreykorn.

Inhalte der fünf Studienmodule (auszugsweise):
Jedes Studienmodul beinhaltet Hausaufgaben und ein online-Mentoring.

SM I
Die Psychologie des *Selfness-Coachings*

SM II
*Selfness-Coaching* mit der SEN©-Methode

SM III
Selbstexploration, klientenzentrierte Gesprächsführung und die Bedeutung der ganzheitlichen Gestalttherapie im *Selfness-Coaching*.

SM IV
Die psychologische Erarbeitung der acht Grund-
bedürfnisse für den möglichen Einsatz im ganzheitlichen Selfness Coaching

SM V
Studienpräsenztage:
Vorbereitung auf die Praxis des Coachens.
Ganzheitliches Fallstudien-Training.
Abschluss-Klausur, bei Bestehen Übergabe des
Zertifikats.


Weitere Informationen zur Ausbildung:
kd@dreykorn-power.de

---

*Wenn Sie so denken,*
*wie Sie immer gedacht haben,*
*werden Sie so handeln,*
*wie Sie immer gehandelt haben.*

*Wenn Sie so handeln*
*wie Sie immer gehandelt haben,*
*werden Sie das bewirken,*
*was Sie immer bewirkt haben*

Albert Einstein

---

# Lernmethodik

in der Ausbildung zum
*Selfness Personal Coach*©
(nach der PROTORING[â]-Erfolgsmethode)

1. Setting
   - Einstimmung für den auszubildenden Selfness Personal Coaches auf seine Aufgabe/n.

2. Inneres Bild
   - Wie fühle ich mich?

   - Was sehe ich in mir?

3. Kontrollierter Dialog
   - Warum ist Zuhören fast noch wichtiger als Reden?

4. Innere Resonanz
   - Was sagt mir meine Gefühlswelt?

5. Eigenes Feedback
   - Ich beschreibe meine Beobachtungen.

   - Ich sage, was ich gelernt habe!

6. Strukturierte Sequenz-Analyse
   - Ich visualisiere meine Eindrücke.

7. Interaktion, Integration und Transfer.
   - Ich setze Erkenntnisse in die Tat um.

8. Lernkontrolle
   - Training in den Präsenztagen

   - Praxis-Fallstudien

   - Abschluss-Klausur

# Lernziele

in der Ausbildung zum
*Selfness Personal Coach©*
(nach der PROTORING®-Erfolgsmethode)

1. Eigene Denkprogramme erkennen, optimieren oder verändern
2. Fähigkeiten erweitern, und persönliche Power gewinnen.
3. Neue Wege zur Kreativität finden.
4. Leadership-Skills entwickeln.
5. Eigene Persönlichkeit in Balance bringen.
6. Schwierige Situationen lösungsorientiert betrachten.
7. Methodisch ein ganzheitliches Coaching-Konzept entwickeln.
8. Systemisch Denken und Handeln.
9. Klienten bewusst wahrnehmen.
10. Bewältigungsprophylaxe semantisch steuern.
11. Prozessorientierte Kommunikation (Probehandeln)
12. Signale und Botschaften der Körpersprache erkennen.
13. Sprachmuster erkennen und strategisch umsetzen (Semantik).
14. Register der eigenen Stimme erkennen,

nutzen und erweitern.

15. Konflikt-Arten erkennen, bestimmen und lösungsorientiert steuern.

16. Kritik als Lernchance begreifen, und erfolgreich damit umgehen.

17. Wahrnehmungsprozesse entwickeln.

# Studienpräsenztage in der Gruppe

# Fachbeiträge
# Statements
# Testimonials

*Von Menschen,*
*die etwas zu sagen*
*haben!*

Moritz André
Bachelor of Arts
Business Administration
Business Personal Coach ISF
Continental Reifen Deutschland
GmbH - Hannover
moritz.andre@googlemail.com

*„Der Glaube an sich selbst ist Magie, wenn Sie das tun, können Sie alles erreichen"*
(Johann Wolfgang von Goethe)

Im Sport ist es regelmäßig zu beobachten, dass es Mannschaften gibt, die trotz hochkarätiger Besetzung nicht die erhofften Erfolge erzielen können. Gleichzeitig passiert es auch immer wieder, dass Mannschaften, die ohne Starspieler und ohne üppig gefülltes Konto auskommen, müssen mindestens phasenweise erstaunlich erfolgreich abschneiden.

Wie kommt es zu diesem Phänomen?
Nun sind die Gründe sicherlich vielschichtig und nicht immer pauschalisierbar. Stattdessen gibt es für den Erfolg- bzw. Misserfolg auch immer zahlreiche individuelle und situationsbedingte Gründe wie Verletzungspech oder Ähnliches. Trotzdem ist es gleichzeitig immer Fakt, dass die Spieler mit ihren Fähigkeiten die gleichen bleiben. Die Situation sorgt dafür, dass das Selbstvertrauen und die Motivation, die in einer Erfolgsphase vorherrschen, Zweifeln und Ängsten gewichen sind.

142

Die Lösung vieler Vereine sieht oftmals so aus, dass einzelne neue Spieler und in der Mehrzahl der Fälle ein neuer Coach verpflichtet werden. Welche Rolle hat der Coach?

Ein neuer Coach schaut zunächst einmal neutral auf die bestehende Mannschaft. Etwaige Probleme und Konflikte innerhalb der Mannschaft können von ihm erkannt und behoben werden. Außerdem bringt er selbst frische Ideen und Ansätze mit, die womöglich auch von seinem Vorgänger aufgrund eigener innerer Blockade nicht gesehen worden sind. Viele Coaches beantworten die Frage, was sie konkret geändert haben zunächst damit, dass sie sich mit jedem Spieler ausführlich unterhalten hätten.

Durch gezielte Fragen und erste Trainingseindrücke fällt es dem neutralen Betrachter leicht, die Stärken und Probleme zu erkennen. Wenn es ihm gelingt kleine Dinge so zu verändern, dass die Spieler wieder Erfolgserlebnisse haben und an sich glauben, dreht sich die Spirale der negativen Erlebnisse womöglich schnell wieder in die positive Richtung. Der Coach, der es schafft die Spieler schrittweise wieder mit dem Glauben an sich selbst auszustatten, versteht nicht nur etwas von Trainingsfortschritt und –aufbau, sondern auch von Coaching.

Bereits in meiner Trainerausbildung „Rhetorik- und Kommunikation" mit Prof. Klaus-Peter Dreykorn hatte ich viele Momente, in denen ich der Spieler war, der durch Fragen angefangen hat

Dinge zu hinterfragen.

Durch die Ausbildung zum Business Personal Coach ISF, welche ich in Kürze beginnen werde,
möchte ich selbst weiter an mir arbeiten und vor
allem lernen, andere Menschen zu unterstützen
und wieder auf die Erfolgsspur bringen zu können. Dieses Buch wird mir sicherlich als wichtiger Ratgeber dabei helfen.

**Elham Asayesh**
Versicherungsfachfrau
Member Speakers Society ENB
Ausbildung zum
Selfness Personal Coach©
Coaching im Raum Würzburg
elhamasayesh@yahoo.de

So gelingt mit Selfness-Coaching© die Flucht aus
dem Hamsterrad!

Hatten Sie als Kind auch einen dieser putzigen
Nager in Ihrem Zimmer? Und haben Sie sich
manchmal auch gewundert, wie ausdauernd so
ein Tierchen, oft stundenlang, sein Hamsterrad
bewegt, ohne müde zu werden? Der Grund dafür
liegt in der Natur des Hamsters. Er liebt seine
unterirdischen Gänge, die er in der Natur anlegt,
und läuft sie mit Wonne, ja vielleicht sogar ein

wenig stolz, immer wieder ab. Aber er kennt auch jede Abzweigung und jeden Ausgang!

Das unterscheidet den Hamster wohl ganz stark von uns Menschen. Auch wir sind in unseren alltäglichen Anforderungen – in Familie, Gesellschaft und Beruf – vielfach solche Lauftiere, die mit erstaunlicher Ausdauer und Beharrlichkeit unseren Zielen entgegen- oder nachlaufen. Dabei vergessen wir nur zu oft, dass es auch Abzweigungen und Ausgänge gibt.

Wenn der Hamster genug vom Laufen hat, dann steigt er einfach aus und widmet sich der Nestpflege oder anderen interessanten Dingen. Er weiß genau, dass er nur einen Schritt von mindestens ebenso attraktiven Möglichkeiten entfernt ist. Er genießt den Gleichlauf seines Rades, solange es ihm im wahrsten Sinne des Wortes entgegen kommt, ganz entspannt und ohne Stress, denn er kennt die Alternativen und nutzt sie, wann immer es nötig ist oder er das einfach tun mag.

In der Ausbildung zum *Selfness Personal Coach©* bei Prof. Klaus-Peter Dreykorn habe ich Methoden und Hilfestellungen für mich selbst gefunden und für meine Arbeit erlernt, die einen Sichtwechsel ermöglichen. Ich weiß um die Werkzeuge, die es möglich machen, ausgetretene Pfade mal nützlich und angenehm zu empfinden und im nächsten Moment heraus zu treten, um neue Perspektiven  und Möglichkeiten entdecken zu können.

Wie oft erzählen mir meine Klienten während des Selfness-Coachings, dass sie die vor lauter Panik geforderten Ziele erreichen müssen, und deshalb nur noch funktionieren.

Sie rennen vermeintlichen Lösungen hinterher und wagen es nicht, aus dem System auszubrechen und gestellte  Ziele, Aufgaben, und Probleme von außen zu betrachten. Genau das gilt es jedoch zu lernen und zu üben.

Mir selbst haben die Methoden von Prof. Dreykorn dabei sehr viel gegeben und mit viel Freude und Engagement gebe ich diese jetzt auch an meine Klienten weiter.

---

*Ob ein Mensch klug ist,*
*erkennt man an seinen Antworten.*

*Ob ein Mensch weise ist, erkennt man*
*an seinen Fragen.*

Nagib Mahfuzfuz

---

**Gundi Beckenbach**
Gepr. Bilanzbuchhalterin IHK
Vorsitzende des
BVBC LV Hessen E.V.
Stellv. Vorsitzende der BVK des
BVBC
Business Personal Coach ISF
Vorstandsmitglied der kfd, Wirges
Mentorin in der ISF RhetorikAkademie
Member Speakers Society ENB
E-Mail: no-gu.beckenbach@t-online.de

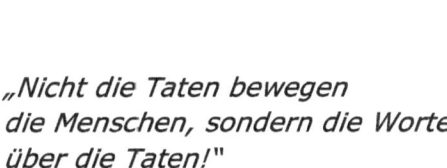

*„Nicht die Taten bewegen
die Menschen, sondern die Worte
über die Taten!"*
(Heiner Geißler)

Jedoch die richtigen Worte zu finden und diese an der richtigen Stelle zum richtigen Zeitpunkt einzusetzen, damit eine wirkliche Kommunikation entsteht, dies lernte ich im Einzel- und Gruppencoaching im Speakers Circle Rhein-Main. Professor Klaus Peter Dreykorn gründete dieses Bildungsnetzwerk im Dezember 2000, dem ich von Anfang an angehöre.

Ich wollte, dass Worte leben und nicht in einem Wörterbuch stecken!

Ich wollte, dass meine Persönlichkeitsmerkmale ausgebaut und gefestigt werden!
Ich wollte, dass mein Denkprozess neu ausgerichtet wird!

Wer beruflich vorankommen möchte, sollte nicht

147

nur sein Fachwissen aktualisieren, sondern auch an seiner Kommunikationsfähigkeit arbeiten. Es gibt keine Altersgrenze für Weiterbildungsmaßnahmen, für Veränderungen, für neue Ziele.

Zu wissen, wo die persönlichen Stärken und Interessen liegen, ist zwar wichtig, jedoch diese richtig zum Einsatz zu bringen, will gut durchdacht sein. Ich hinterfragte den Sinn des Lebens. Das Selfness-Coaching mit Prof. Dreykorn brachte mir mehr Zufriedenheit und stärkte meine Lebenskompetenz, die für die Zukunft immer wichtiger wird.

Auch dieses Buch zum Thema „Selfness-Coaching" von Prof. Klaus Peter Dreykorn werde ich wieder an viele Freunde verschenken und empfehlen, es durchzuarbeiten. Die Erfahrung der Selbstveränderung in Bezug auf Körper, Geist und Seele stärkt die innere Zufriedenheit.

Ebenso lege ich vielen ans Herz, die vom Professor selbst entwickelten Lehr- und Lernmodule als ganzheitliche Ausbildung zum Selfness Personal Coach© zu besuchen. Ich bin stolz, ihn als Freund zu haben und als Berater zu schätzen.

**Friedrich Behrens**
Diplombetriebswirt (DHBW)
Geschäftsführer
Behrens Holz und Bauelemente
GmbH & Co. KG
Business Personal Coach ISF
Member Speakers Society
www.behrens-woehlk-
gruppe.de
Friedrich.Behrens@holz-
behrens.de

**Geben Coachings eine Garantie für mehr Erfolg und Zufriedenheit?**

Meiner Meinung nach gibt es nur bedingt eine Garantie für mehr Erfolg und Zufriedenheit. Doch habe ich die Erfahrung gemacht, dass Selbstreflexion die Möglichkeiten der Wahrnehmung, des Erlebens und des eigenen Verhaltens erweitert.

In den vergangenen Jahren habe ich erfahren, dass Hilfe von außen wichtig ist, besonders in Form von Feedbacks. Das kann nicht nur allein durch einen professionellen Coach erfolgen. Ich empfehle ebenso ein Feedback von seiner Familie oder seinen Freunden einzufordern. Feedbacks von Mitarbeitern kommen oftmals viel zu selten. Deshalb bitte nicht in die Illusion verfallen, dass man alles richtig macht.

Denn wie heißt es von Konfuzius so schön: „Wer einen Fehler gemacht hat und ihn nicht korrigiert, begeht einen zweiten."

Diese wichtigen Punkte – vor allem auch die Ehrlichkeit zu sich selbst - haben mir geholfen mich
zu verbessern, sowie mich und vor allem mein
Unternehmen erfolgreicher zu machen. Das
macht mich heute zu einem zufriedenen Ge-
schäftsmann.

Ich möchte mich an dieser Stelle bei Prof. Klaus-
Peter Dreykorn bedanken: Für die zahlreichen
Anregungen und Hilfestellungen während der
langjährigen Zusammenarbeit. Ich freue mich
auf die spannenden Inhalte in diesem Buch, und
besonders wieder auf viele praktische Tipps und
Anregungen!

**Michael Bessel**
Inhaber: Business Effizient
Business Personal Coach ISF
Coach für Vertrieb
und Verkaufsförderung
Vice-President Speakers Society
bessel@business-effizient.de

**Menschen führen heißt
Empathie entwickeln!**

Egal, ob Sie einen Fremden am Telefon für sich
oder Ihr Produkt gewinnen wollen, ob Sie im
Verein oder in der Firma andere Menschen führen und anleiten sollen oder ob Sie Ihren Partner

oder einen Kunden von einer Sache begeistern wollen, immer liegt der Schlüssel in Ihnen selbst – es geht um Emotion und Empathie.

Der französische Schriftsteller Antoine de Saint-Exupery brachte es in seinem Werk „Die Stadt in der Wüste" so auf den Punkt:

*„Wenn Du ein Schiff bauen willst, dann trommle nicht Männer zusammen um Holz zu beschaffen, Aufgaben zu vergeben und die Arbeit einzuteilen, sondern lehre die Männer die Sehnsucht nach dem weiten, endlosen Meer."*

Dazu ist zunächst ein grundlegendes Verständnis von psychologischen Zusammenhängen und charakterlichen Eigenheiten notwendig. Dafür habe ich wissenschaftlich fundierte und leicht erlernbare Methoden gefunden, die ich in meiner Arbeit als Vertriebs-Coach täglich anwende und auch meinen Klienten immer vermittle.

Ist das „innere Auge" so geschärft, entwickelt sich sehr schnell und fast von selbst ein Gefühl für die Anliegen und Bedürfnisse des Gegenübers. Wer diesen Trumpf auszuspielen versteht, der wird bei seinen Gesprächspartnern sympathischer ankommen, verständiger agieren und reagieren, ja letztlich überzeugender und souveräner auftreten. Was es dann nur noch braucht, ist ein wenig Planung und etwas Fleiß.

Bei meinem Freund und Mentor Klaus-Peter Dreykorn habe ich immer viel Empathie gespürt und auch sehr viel darüber lernen können. Das setze ich heute bei und mit meinen Kunden um. Ob es dabei um ein Telefontraining für „Burda Medien", um Vertriebskonzepte für Industrie, Handel oder Finanzwesen oder die Planungspräsentation eines Architekturbüros, wie beispielsweise „Schlager & Partner" geht – um nur einige Referenzkunden zu nennen - immer braucht es das Wissen um die Emotionen und Bedürfnisse aller Beteiligten – gerade auch im Coaching.

Letztlich ist für ein empathisches und professionelles Auftreten vor allem viel Verständnis über die eigenen Bedürfnisse und Befindlichkeiten nötig. Empathie ist also keine „Einbahnstraße", sondern immer auch das Wissen um das eigene Selbst und ein wichtiges Coaching-Instrument. Eine gute Grundlage dafür ist dieses Buch.

---

*„Wir verlangen,*
*das Leben*
*müsse einen Sinn haben,*
*aber es hat nur ganz genau*
*so viel Sinn,*
*als wir selber ihm zu geben*
*imstande sind."*

Hermann Hesse

---

**Markus Burkat**
Diplom Ökonom
Jurist
Internationaler
Vertriebsmanager
Regionalvorstand
„Die Führungskräfte"
Vice-President Speakers Society
mburkat@web.de

## Auch interkultureller Umgang kann Coaching sein

Gerade im internationalen Vertrieb ist es fatal, sich nicht mit den Gepflogenheiten, Sitten und Gebräuchen auseinanderzusetzen. „Falsche" Verhaltensweisen führen dann im Gespräch zum Misserfolg der eigenen beruflichen oder privaten Mission.

Gerade gilt dies für den Umgang mit Partnern in außereuropäischen Ländern, die oft andere versteckte Regeln haben, die wir einfach oft nicht gelernt haben.

Ich habe persönlich die Erfahrung gemacht, dass Coaching Trockenübungen zum Thema „Kultur" zwar aufschlussreich sind, aber nicht den nachhaltigen Erfolg haben, den man sich wünscht. Der Grund liegt in den oft kleinen Dingen des Alltags im gegenseitigen Umgang. Wer weiß denn genau, wie man z.B. mit Franzosen im Alltag sicher umgeht. Es sei hier nur der freundschaftliche Bisou (Kuß) erwähnt. Rechts oder links zuerst? Wie oft? Zweimal oder dreimal?

153

Auch bei Frauen, die man im Geschäftsalltag kennenlernt?

Durch meinen Freund Bankdirektor U. Bayram habe ich die wunderbare Erfahrung gemacht, wie man sich am besten coachen lässt. Ich empfehle einfach eine Rundreise durch das (Coaching-) Gebiet mit einem „Lands"mann, der auch in der deutschen Kultur verankert ist. Nur durch den täglich erlebten Spannungsbogen Fremde/ Neugierde/Entdeckung/Aufmerksamkeit schärt man seine Sinne und schult sich selbst durch tägliche Interaktion.

Ein sehr schönes Beispiel haben wir bei einer Geschäftsreise in der Türkei erlebt.
Wir besuchten für ein Sourcing Projekt insgesamt 5 mittelständische Familienunternehmen. Beim ersten Besuch war ich verärgert, dass wir bei der Besprechung direkt vor den Schreibtisch des Inhabers gesetzt wurden und (es war kein Zufall) der Schreibtisch höher war als die Sitzgruppe. Ich empfand es im wahrsten Sinne als eine Erniedrigung und Arroganz.

Bei den weiteren Besuchen stellte ich jedoch fest, dass es in der Türkei wohl so üblich ist. Man muss sich die „Augenhöhe" erarbeiten. Hier lernte ich das Drei Phasen Modell kennen (so nannten wir es spaßeshalber auch später):

Erster Besuch: man sitzt als Besucher tiefer unterhalb des Schreibtisches (Stufe eins): wenn man sich gut versteht und wenn es ein Gespräch auf Augenhöhe ist, dann setzen sich alle Beteiligten an einen Besprechungstisch (Stufe zwei) und mit steigender Sympathie wird die Bewirtung pompöser. Stufe drei wird dann mit einem gemeinsamen Abendessen oder sonstigen wertschätzenden Gesten gekrönt.

Wenn man Stufe eins nicht verlässt, ist der Termin nicht geglückt und braucht auch nicht wiederzukommen.

Das ist Coaching im interkulturellen Umgang in der Praxis, denn kein Coach kann in Trockenübungen solche Situationen vermitteln. Wenn man einen Mitreisenden hat, der aus dem zu coachenden Kulturkreis kommt, ergibt sich die wunderbare Situation, eine Nation und Kultur feinsinnig wahrzunehmen und wird sich automatisch sicherer verhalten. Das (Er-) Leben vor Ort ist immer noch der beste Coach.

Nur derjenige, der nicht neuen Ländern sensibel gegenübersteht, versteht Land und Leute nicht.

Ich bedanke mich bei meinem Freund und langjährigen Coach, Lebensbegleiter und Mentor Prof. Klaus Dreykorn. Durch Ihn habe ich viel gelernt, gerade im interkulturellen Umgang.

**Dr. Heribert Keller**
Facharzt für Orthopädie
Mountainbike-Gipfelstürmer von
Alpenpässen
Mentor in der
ISF RhetorikAkademie
Member Speakers Society
Business Personal Coach ISF
Dr.Keller@orthopaedie-
gmuend.de
www.orthopaedie-gmuend.de

„Lösungsorientierte Gespräche
mit meinen Patienten
sind für mich unverzichtbar!"

Nach einer intensiven medizinischen Ausbildung und Weiterbildung zum Facharzt für Orthopädie gründete ich meine eigene Firma, eine Praxis für Orthopädie mit operativem Schwerpunkt. Doch die medizinische Ausbildung half mir wenig die praktischen und organisatorischen Aufgaben erfolgreicher Betriebsführung, und vor allem der Personalführung zu bewältigen. Der rasche Zuwachs an Patienten machte zudem die Integration weiterer Kollegen erforderlich.

Es zeigte sich sehr schnell, dass Respekt, Wertschätzung, geschicktes Verhandeln und eine überzeugende Gesprächsführung unverzichtbare Werkzeuge für den privaten und beruflichen Erfolg sind.

Dank der berufsbegleitenden Workshops und Trainings, sowie der Ausbildung zum Business

Personal Coach ISF durch Prof. Dreykorn, habe ich in der ISF RhetorikAkademie die Werkzeuge für erfolgreiches Management schnell und in einer sehr praxisorientierten Art und Weise lernen können. Das war für mich eine enorm wertvolle Hilfe.

Die Qualität der Kommunikation, und vor allem die Interaktionsgespräche mit unseren Patienten haben sich um ein vielfaches gesteigert.

Mit Begeisterung kann ich heute meine Mitarbeiter motivieren, und deren kreativen Intuitionen zur Entfaltung bringen. Mit Humor und Schlagfertigkeit können meine Mitarbeiter schwierige Themen lösen, was sich auch in den vielen positiven Patienten-Feedbacks zeigt.

Meine Teilnahme an den intensiven Workshops mit Prof. Dreykorn war eine absolute Bereicherung in meiner persönlichen Laufbahn.

Die Teilnahme an regelmäßigen Fortbildungen für die Steigerung persönlicher und sozialer Kompetenzen ist seither für meine Mitarbeiter eine Selbstverständlichkeit.

Thomas Eckardt
Diplom-Psychologe, Autor
Inhaber:
Eckardt & Koop.-Partner
Beratung, Training, Coaching
info@eckardt-online.de
www.eckardt-training.de

## Vorteile eines Coaching-Prozesses und konstruktiver Coaching-Verlauf

Wir befinden uns nie in einer Lage, in der wir nichts machen können - wir besitzen Fähigkeiten, Talente, Aufgaben und Berufungen, um alles zu ändern. Es ist unsere Pflicht, uns selbst zu helfen, um mehr zu dem Wesen zu werden, das wir eigentlich sind. (Abraham Maslow)

Profil entwickeln, Leistungssteigerung, Balance zwischen Arbeits- und Familienleben meistern, wer dies erreichen möchte, braucht oft einen Coach.

Das Wort Coaching kennen wir aus dem Sport. Ein Coach fördert und unterstützt seinen Schützling in sportlicher sowie persönlicher Hinsicht. Genauso verhält es sich beim Coaching von Fach- und Führungskräften.

Hier werden konkrete berufliche Probleme und damit verbundene persönliche Schwierigkeiten aufgearbeitet. Coaching kann z. B. bei der Karriereplanung unter Berücksichtigung der Arbeitszufriedenheit helfen, die Balance zwischen Beruf und Familie zu finden. Im Gegensatz zum klassischen Training oder einem mehrtägigen Seminar werden beim Führungskräftecoaching die Ziele kontinuierlich überprüft, um so die Umsetzungsfähigkeit zu erhöhen.

Das Coaching hat seinen Ursprung in der Supervision, d. h., der psychologischen Betreuung von Mitarbeitern in der Sozialwirtschaft. Hier hat sich seit über 20 Jahren der Supervisionsansatz von Helfern durchgesetzt und wird als unverzichtbares Element dieser Arbeit angesehen. Handelt es sich um Supervision von Leitungskräften, wurde es auch als Coaching bezeichnet. Zunehmend mehr Führungskräfte suchen den persönlichen Rat eines externen Beraters. Der Leistungsdruck, der auf den Vorgesetzten lastet, und die schnelle Wandlungsgeschwindigkeit erhöhen die Bereitschaft, sich bei der praktischen Umsetzung unterstützen zu lassen.

Als Spezialfall des Coachings können wir das Verkaufscoaching betrachten, das erfolgreich eingesetzt wird, um Umsätze zu steigern, Entwicklung von Mitarbeitern mit Potential, Suche nach Verbesserungen im fachlichen und zwischenmenschlichen Bereich, Neuorientierung im Verkauf durch persönliche Entwicklung, Bewältigung von Krisensituationen. Weil es beim Verkaufscoaching auch um sehr persönliche Fragestellungen geht, werden überwiegend Einzelgespräche geführt. Wird ein gemeinsames Ziel verfolgt, ist auch Team- oder Gruppencoaching denkbar.

Achten Sie bei der Wahl Ihres Coachs auf ausreichende Erfahrungen im Berufsleben. Er oder sie sollte über ein breites Methodenspektrum verfügen und den richtigen Zugang zu den Problemen des zu Coachenden – Neudeutsch: Coachee – finden. Ein guter Coach muss seine Stärken und Schwächen kennen und über die notwendige soziale Kompetenz verfügen.

Zu den Handwerkszeugen eines Coaches zählt das Verfügen über

- Unterschiedliche Problemlösungs-methoden,
- betriebswirtschaftliche Kenntnisse,
- diverse Kommunikationstechniken,
- die Fähigkeit, Beziehungen zu anderen aufzubauen,
- Selbstmanagement-Erfahrungen,
- Know-how über psychologische Gesetzmäßigkeiten,
- die Fähigkeit, aktiv und wertfrei zuhören zu können,
- Einfühlungsvermögen und Empathie,
- vorurteilsfreies Denken und Schlussfolgern, die Fähigkeit, die eigenen Grenzen zu erkennen und wahrzunehmen.
- die Fähigkeit, die eigenen Grenzen zu erkennen und wahrzunehmen.

Ein Coach kommt von außen - deshalb basiert seine Beratung auf einer objektiveren Wahrnehmung der Realität. Er wird weder durch eine Betriebsabhängigkeit bzw. Betriebsblindheit beeinflusst noch leiten ihn Karrierebestrebungen. Dies ermöglicht häufig auch unkonventionelle Lösungen.

Kompetenz, Zuverlässigkeit, Flexibilität und absolute Verschwiegenheit zeichnen den Coach aus.

Wichtig: Die Chemie zwischen Ihnen und dem Coach muss stimmen. Beim ersten Treffen wird eine sogenannte Bestandsaufnahme durchgeführt. Thema, Ziel und zeitlicher Rahmen sollten möglichst bereits bei diesem Treffen definiert werden. Für die Umsetzung Ihres Coachings stehen folgenden Fragen im Vordergrund:

- Wo stehe ich heute, und über welche Ressourcen verfüge ich derzeit?
- Was will ich erreichen?
- Welche Möglichkeiten gibt es?
- Welche Blockaden müssen überwunden werden, um die Ziele zu erreichen?
- Welche Maßnahmen sind zu treffen, um die Ziele Schritt für Schritt umzusetzen?

Zum Coaching gehören ein genauer Zeitplan und die Erstellung einzelner Meilensteine, z. B. für den Umsatzentwicklungsplan. Hilfreich ist hier die Verwendung eines Arbeitsbuches, in dem die verschiedenen Meilensteine und Kompetenzbereiche verfolgt und inhaltlich dokumentiert werden. Coachingmaßnahmen sind in der Regel zeitlich befristet. Es sind zwischen 5 – 12 Sitzungen sinnvoll, um die definierten Ziele mit dem Coachee zusammen zu erreichen.

Das eben Beschriebene zeigt die Möglichkeit auf, sich durch externe Coachs in den verschiedensten beruflichen Belangen helfen zu lassen. Auf der anderen Seite gibt es seit einigen Jahren den Ansatz, der lautet: „Die Führungskraft als Coach". Hier konzentriert sich der Vorgesetzte, z.B. der Vertriebschef, auf seine Mitarbeiter. Diese Form des Führens ist kein neuer Führungsstil, sondern im Prinzip der situative Führungsstil in einer stark ausgeprägten Komponente der Mitarbeiterförderung.

Dieses System birgt auf der einen Seite den Vorteil, dass die Führungskraft regelmäßig Gespräche mit den Mitarbeitern und den Teams sucht. Fragen der Zielvereinbarung können in diese Gespräche einfließen. Führungskräfte, die sich diesem Ansatz verpflichtet fühlen, berichten in der Regel über gute Ergebnisse.

Auf der anderen Seite kann der Mitarbeiter seinen Führungskraftcoach nicht selbst wählen. Ist die Beziehung stabil und erlaubt den Coachingprozess, werden beide davon profitieren. Ist aber die Arbeitsbeziehung durch vorliegende Vorfälle oder Ähnliches getrübt oder eingeschränkt, wird der zu Coachende sich nicht öffnen und nur schwer helfen lassen, weil die Fragen zwischen disziplinarischer und fachlicher Führung und dem unterstützenden Ansatz einer gewissen Konzession ausgesetzt sind.

## Vorteile eines Coaching-Prozesses

Coaching wird auf der Basis von Spielregeln und Vereinbarungen durchgeführt, die eine verlässliche Grundlage für die notwendige Vertrauensbasis bilden. Die Coaching-Beziehung findet auf einer wertneutralen Ebene statt und verhindert einen Einbruch des Selbstverständnisses von Betroffenen. Der Betroffene kann dem Coach sanktionsfrei alles sagen, was ihn belastet. Er steht mit seiner problembeladenen Situation nicht mehr isoliert in einem schwierigen betrieblichen Umfeld, in dem „menschliche Schwächen" nicht akzeptiert werden. Bei einem konstruktiven Coaching-Verlauf kann auch die Leistungsfähigkeit eines betroffenen Teams/einer Abteilung/eines Bereichs gesteigert werden.

## Gebote zum konstruktiven Coaching-Verlauf

- Anerkennen der vereinbarten Coaching-Spielregeln.

- Keine primäre Erwartungshaltung für die Bestätigung der Unlösbarkeit des Persönlichkeits-Problems. Schnelle, eindeutig messbare Erfolge sind beim Coaching nicht möglich, da es sich dabei um einen komplexen persönlichen Entwicklungsprozess handelt, der von zahlreichen Einflussfaktoren abhängt und für den es kein „Patent-Rezept" gibt und geben darf.

- Ein Coaching-Prozess setzt Reflexionsbereitschaft, Veränderungsfähigkeit, das Aushalten von unbequemen Wahrheiten und Selbsterkenntnissen, Eigeninitiative und Offenheit für das eigene Verhaltensmuster voraus.

- Die unbedingte Bereitschaft muss vorhanden sein, sich auf die eigenen Persönlichkeits-Defizite einzulassen und das Bewusstwerden darüber auch auszuhalten.

Coaching ist somit nicht alter Wein in neuen Schläuchen, sondern der einen wirksamen Unterstützungsansatz für Fach- und Führungskräfte darstellt, und gleichzeitig für die Führungskräfte als situativen Führungsstil neue Freiheitsgrade in der Mitarbeiterentwicklung und -förderung mit sich bringt.

---

*„Sobald man in einer Sache Meister geworden ist,*
*soll man in einer neuen*
*Schüler werden."*

Gerhart Hauptmann

---

**Isolde Fröhlich**
Unternehmerin
Vorsitzende und Beisitzerin im
Landesverband der Unternehmer-
frauen im Handwerk
Baden-Württemberg
Selfness Personal Coach©
Coaching im Raum Bodensee
Isolde.froehlich@web.de

*„Es sind die Begegnungen mit Menschen, die das Leben lebenswert machen".*
Aphorismus von Guy de Maupassant

Dieser Satz begleitet mich schon seit meiner Jugend.

Wir leben in einer Zeit von sehr großen Veränderungen in allen Bereichen der Wirtschaft und Gesellschaft. Viele Menschen haben Ängste und leben nur noch im Stress. Beziehungen und Familien brechen auseinander.

Auch in meinem Leben gab es schon viele Veränderungen, positive wie auch negative. Diese habe ich bewusst er- und durchlebt. An meiner Seite habe ich einen Partner, der mir die Freiräume gibt mich selbst zu entwickeln und zu verwirklichen. Immer wieder erzählen mir Kunden, Freunde und Bekannte Ihre Probleme, Sorgen, Ängste und Stresssituationen.

Bisher gab ich Freude, Mut und meine Ideen in der jeweiligen Situation als Anregung auf dem Lebensweg weiter. Eine Freundin bestärkte mich immer wieder in diesem Bereich, eine Ausbildung zu absolvieren. Sie stellte auch den Kontakt zu Prof. Klaus Dreykorn her.

Durch meine neue Lebenserfahrung und die qualifizierte Ausbildung zum Selfness Personal Coach© bei Prof. Klaus Dreykorn will ich meine künftigen Klienten durch das ganzheitliche
Coaching begeistern, und mit Ihnen Wege erarbeiten, wie sie Körper, Seele und Geist in Einklang bringen und somit das Leben für sie wieder lebenswert ist. Ein Ende ist auch immer wieder ein Anfang. Ich sehe Veränderungen immer positiv und lasse eine negative Denkweise nicht zu.

Auf diese neue Herausforderung als Selfness Personal Coach© freue ich mich sehr.

*„Das Durchschnittliche gibt der Welt*
*ihren Bestand,*
*das Außergewöhnliche*
*ihren Wert."*

Oscar Wilde

Herbert A. Geiger
Inhaber: Geiger Company Compass
Spezialist für
Unternehmensbewertungen
geprüfter ESUG-Berater
(Sanierung von
Unternehmen unter
Insolvenzschutz)
Business Personal Coach ISF
Vice-Präsident Speaker Society
hg@geigercc.de
http://www.geigercc.de

*„Wer Visionen hat,*
*soll zum Arzt gehen:"* (Helmut Schmidt)

Als Helmut Schmidt während seiner Kanzlerschaft einmal nach seiner Vision für Deutschland gefragt wurde, antwortete er: „Wer Visionen hat, soll zum Arzt gehen". In späteren Jahren hat sich Schmidt eher einen Namen als Vorausdenker der Nation gemacht, und angesprochen auf die damalige Aussage, meinte er, das sei eine pampige Antwort auf eine dusselige Frage gewesen.

Eine Vision ist das innere Ziel eines Menschen, wer eine Vision hat, ist nicht behandlungsbedürftig, sondern vielmehr in der Lage, ungeglaubte Möglichkeiten zu entwickeln und ungeheure Energie freizusetzen, um der Erfüllung der Vision näher zu kommen. Kritisch kann es nur für Menschen werden, die nicht in der Lage sind, ihre Vision zu formulieren, und über lang- und kurz-

167

fristige Strategien und Ziele konkret umsetzbare Maßnahmen zu entwickeln. Dann wird die Vision zur Utopie. Das gilt für Menschen ebenso wie für Unternehmen.

Doch es ist nicht immer ganz einfach, seine Vision zu entwickeln, die sowohl zum Menschen als auch zum Unternehmen passt. Hier ein Beispiel aus meiner Beratungspraxis, wie es gelingen kann:

Getränkefachgroßhändler B. aus Oberfranken hatte einen Betrieb mit 10 Mitarbeitern und einen ausreichend großen Kundenstamm, der regional beliefert wurde. Die Ertragszahlen waren nicht berauschend, aber brauchbar. B. war jedoch unglücklich mit seiner Situation. Er war nie wirklich zufrieden, seine täglichen Aufgaben als Geschäftsführer waren ihm zu bürokratisch. Er war sich zwar sicher, unternehmerisch tätig sein zu wollen, aber mit Buchhaltung, Umsatzsteuer, Biersteuer, Sozialversicherungen wollte er eigentlich nichts zu tun haben.

Im Rahmen von mehreren Terminen konnten wir gemeinsam einen Plan entwickeln, wie B. sich selbst kennenlernen konnte und im Laufe der Zeit im Rahmen dieses Selfness-Coachings aus seinen Neigungen und Fähigkeiten in Kombination mit den vorhandenen Möglichkeiten seines Unternehmens eine Vision entwerfen, in welche Richtung er  persönlich und sein Unternehmen entwickelt werden soll.

*„Finde zu dir, und du findest zur Welt!"* (Herbert A. Geiger)

B. sah sich selbst als kreativen und kommunikationsstarken Unternehmertyp, der unabhängig von Zwängen und Vorgaben agieren möchte. Große Freude bereitete ihm immer schon die Kreation von individuellen Geschenken, er war ein Freund von fremden Kulturen und reiste entsprechend gerne in ferne Länder.

Er wollte diese Stärken und Vorlieben unter einen Hut bringen und zudem in Verantwortung für seine Mitarbeiter, seine Familie und sich selbst unternehmerischen Erfolg generieren. Er wusste, wenn er das schaffen kann, dann wird er der glücklichste Mensch der Welt. Wie war das aber zu machen?

*„Nur wer bereit ist zu Aufbruch und Reise, mag lähmender Gewöhnung sich entraffen."*
(Hermann Hesse)

Von der Erkenntnis, welche Stärken und welche Wünsche ihn antreiben, bis zur Entwicklung der Vision war es nicht mehr so weit: Auf einem Flughafen kam ihm dann die zündende Idee. Alles ergab ein stimmiges Bild. Er würde seine Stärken ausleben können, seine Firma würde von der vorhandenen Basis in eine neue Richtung entwickelt werden und zugleich konnte er weltweit aktiv werden.

Seine Vision: führender internationaler Vermarkter von regionalen Bierspezialitäten in individueller Aufmachung.

Er nahm einen Partner in seine bisherige Firma, der sich vor allem um die kaufmännischen Belange und die Personalführung kümmern sollte. Durch die so gewonnene Freiheit konnte B. sich kreativ betätigen: Durch Konfektionierung des gekauften Bieres in Zweier-, Dreier, oder Sechserpackungen mit individuell gestalteten Verpackungsformen und unterschiedlichsten, an die jeweilige Zielgruppe angepassten Motive konnte er auf Fachmessen Kontakte gewinnen, die bei Besuchen in den Zielländern ausgebaut wurden und letztlich zu entsprechenden Aufträgen führten.

Mittlerweile beschäftigt er über 20 Mitarbeiter, hat eine große Konfektionierhalle hinzu gebaut und seine Gewinnspanne wesentlich verbessert. Seine Kreationen liefert er in alle Kontinente. Anfänglich konnte er seine Kontakte auf internationalen Messen knüpfen, mittlerweile kommen die meisten Anfragen über Mund-zu-Mund-Propaganda. Nach der ersten Kontaktaufnahme lädt er seine Kunden zu sich ein, um ihnen seine Produkte in der vollen Vielfalt präsentieren zu können. Regelmäßig ist er in der ganzen Welt unterwegs, um seine Kunden zu betreuen und um neue Produktvarianten vorzustellen.

Durch professionelle Beratung und gezielte Fragen konnte er zu sich selber finden und sich

„selbst aus dem Weg gehen" und letztlich sein Leben und sein Unternehmen auf die richtige Bahn bringen. Er arbeitet weiter an seiner Vision:

er will ja ein führender internationaler Vermarkter werden. Für diese Marktführerschaft kämpft er, darin geht er mit Leib und Seele auf. Und er ist auf dem besten Weg dazu!

> „WER HEUTE BEGINNT, KANN MORGEN SCHON AUF SEINEM WEG SEIN!"

**Michael Hahne**
Diplom-Handelslehrer
Berater für europäische
Bildungsprogramme
Internationaler Vorsitzender der
Europa-Union
Deutschland, KV Cuxhaven
Member of Speakers Society
Europa@Hahne-Cux.de

Das Berufsbild Trainer wandelt sich zum Coach

Wenn ein bislang kriechendes Baby auf einmal beginnt, das Laufen zu erlernen, ist dies wie ein kleines Wunder. Später, als erwachsener Mensch, denken wir nicht mehr darüber nach,

wie unser Körper dies so selbstverständlich aus-
führt.

Wenn wir das erste Mal ein Musikinstrument in
der Hand halten und im Laufe der Zeit aus jäm-
merlichen Tönen schöne Melodien werden, können wir mit recht stolz auf das Erlernte sein.

Wenn wir das erste Mal am Steuer eines Autos
das Anfahren am Berg ausführen sollen, das Auto möglicherweise abwürgen und nach und nach
die vielen Handgriffe des Autofahrens selbstverständlich werden, sodass wir dabei Musik hören
und nebenbei Gespräche führen können, haben
wir längst vergessen, mit welchen Schwierigkeiten wir anfangs zu kämpfen hatten.

Ob skaten, Fahrrad fahren, Schreibmaschine
schreiben mit 10 Fingern, es gibt Tausende Beispiele, welch ungeahnten Kräfte in unseren Kör-
pern schlummern, und wie wir diese mit unserem Geist freizusetzen vermögen. Diese Kräfte
zu entdecken, zu lenken, zu unterstützen und
den Prozess zu begleiten, ist die Aufgabe von
Trainern und Lehrern. Es ist noch nicht überall
angekommen, dass es den klassischen „Pauker"
schon lange nicht mehr gibt.

Das Berufsbild des Trainers im Sportverein oder
des Lehrers in der Schule hat sich gewandelt
zum Coach, einer Person, die mentale Kräfte
freisetzt und sich so lange im Hintergrund hält,
wie die Lernenden ihrem Ziel von selbst näher
kommen.

Mit seinem neuen Buch zeigt Klaus-Peter Drey-korn als Coach Wege auf, brachliegende Kräfte in uns zu wecken und den „inneren Schweine-hund" zu überwinden. Alle Leser dieses Buches, die die „Dreykorn-Methode" konsequent anwen-den, schaffen damit eine Basis für ihren zukünf-tigen Erfolg

### Christine Heckel
Klang-Entspannungs-Coach
Klangmassage-Praktikerin
Repräsentantin und
Ausbilderin der Peter Hess
Academy Spain
Energy Psychology
Practitioner
Mentorin ISF RhetorikAkademie
www.christine-heckel.com/de

**Im Fokus steht das lösungsorientierte Coaching.**

Nada Brahma – die Welt ist Klang (Joachim Ernst Behrendt)
Menschen reisen überall hin und kommunizieren mit anderen Menschen. Die Reise zu sich selbst und die Kommunikation mit sich selbst sind je-doch oft weit unbekannt bei uns.

Meine Erfahrung ist, Klangschwingungen bringen uns zurück zu uns selbst, zu unserer Essenz. Diese Erfahrung teile ich mit vielen Menschen.

Ich betrachte den Menschen als Ganzheit und glaube an die Wichtigkeit von Entspannung sowohl als auch von gesundem Stress; Entspannung in ganzheitlicher Form, es wird Körper, Geist und Seele angesprochen.

Und da wir als Mensch sowieso schon unter der Reizüberflutung von innen und außen leiden bzw. gefordert sind, habe ich mich vor Jahren entschieden, dem etwas entgegen zu wirken, und zwar bevor der Mensch krank wird.

Meine Passion ist die Klangtherapie mit speziell für diese Art der Therapie hergestellten Therapie-Klangschalen. Sie kommen zum Einsatz zum Beispiel bei der Klangmassage.

Die Klangmassage ist eine westliche und ganzheitliche Methode. Das Schöne daran ist, weil wir meistens gehetzt zu sein scheinen, die Menschen rennen zur Arbeit, zum Sport, zum Einkaufen .... bei der Klangtherapie mit Klangschalen muss der Mensch eigentlich nichts tun, sondern der Klang bzw. die Klangschwingung machen es.

Beziehen wir uns auf die Quantenphysik, dann wissen wir, alles ist Schwingung, so auch der Mensch. Und wenn wir davon ausgehen, dass der Mensch bis zu 70-80% aus Flüssigkeit besteht, verstehen wir, wie einfach Klangschwingungen funktionieren.

Ich mag das Bild, welches Peter Hess nutzt: Stell Dir vor, lasse einen Stein in einen Teich fallen, konzentrische Kreise in Form von Wellen breiten

174

sich aus, und das bis zum Rand des Teiches. Bildlich vorgestellt und vereinfacht ausgedrückt ist es genau das, was bei einer Klangbehandlung im Körper passiert.

Bei einer Klangmassage werden in der Regel unterschiedlich gestimmte Therapie-Klangschalen auf den bekleideten Körper oder im Energiefeld um den Körper herum aufgestellt und sanft angeschlagen.

Wir nehmen die Klangmassage über 3 unserer Sinne auf:

a) Visuell: viele Menschen beschreiben die Klangschalen als eine Schönheit und erfahren eine besondere Ruhe bei ihrer Betrachtung. (Zen-Effekt).

b) Vibrotaktil: die Klangschwingungen werden über die Körperflüssigkeiten weitergetragen bis in jede einzelne Zelle, daher wird eine Klangbehandlung oft auch als Massage bezeichnet, da sie einen Massage-Effekt hat, daher der name Klangmassage.

c) Auditiv: die Klänge erlauben den Menschen leicht in eine Entspannung bzw. Tiefenentspannung zu treten. Dies ist der Punkt, an dem der gesamte Organismus sich erholen kann, weil je nach Entspannungsgrad der Mind ausgeschaltet wird.

Welchen Nutzen haben wir von einer Klangmassage?

Die Bandbreite, die in den Klangmassagen eingesetzt werden, wächst immer mehr als Resultat intensiver Forschungen und der Zusammenarbeit von Ärzten, Physikern und Universitäten. Um nur einige Einsatzbereiche zu nennen:

Ergotherapie (sehr gute Erfolge zum Beispiel bei Schlaganfällen)
Physiotherapie
Kindergärten und Schulen (besonders bei hyperaktiven Kindern)
Wellness & Beauty – Entspannung pur auf allen Ebenen
Sterbebegleitung
Etc....

Ganz unter dem Motto „hilf dir selbst" kann man erlernen Klangschalen im Alltag zu nutzen, für sich selbst, die Familie, Freunde oder auch Kollegen und Mitarbeiter.

Ich coache Einzelpersonen oder auch Teams und Gruppen in der Umsetzung von Entspannungstechniken für mehr Leistung, Freude und Wohlbefinden für eine bessere und höhere Lebensqualität.

**Im Fokus steht bei mir das lösungsorientierte Coaching.**

Zunächst werden in einem Vorgespräch die Wünsche des Klienten zum Beispiel für die Einzelbehandlung besprochen, der Gesundheitszustand, emotionale und körperliche Probleme werden hier einbezogen. Danach wird die ge-

176

wünschte Einzelbehandlung ausgerichtet. Grundsätzlich stehen immer die Entspannung und die Stärkung des Gesunden im Vordergrund.

Wichtig ist es, ein genau definiertes Ziel festzusetzen, denn nur dann können Erfolge auch festgestellt werden.

Ein Beispiel aus meiner Praxis: Frau Sandra M. kommt seit über 10 Behandlungseinheiten zu mir. Zu Anfang war ihr gesamter Köper unter Anspannung, jeder Muskel unter Anspannung, wenig Energie, schlechter Schlaf ... und dies seit Jahren. Wahrscheinlich ein Resultat mehrerer Operationen vor vielen Jahren.

Vor jeder einzelnen Behandlung kläre ich mit Sandra M., wie sich in diesem Moment an diesem Tag fühlt, was sie benötigt und sich wünscht, und was wir gemeinsam als Intention in die Behandlung mit einbeziehen.

Im Laufe der Behandlungen hat Frau Sandra M. eine wesentliche Besserung in der Körperbewusstheit erfahren; sprich sie spürt sich wieder, die Verspannungen und Anspannungen vor allem im Bauchbereich, lösen sich mit jeder Behandlung mehr und mehr. Die Steifheit in den Beinen lässt nach.

Von Behandlung zu Behandlung spürt sie jeden einzelnen Bereich im Rücken, angenehm und gelockert.

Sie selbst spricht von viel mehr Energie, bereits

seit der ersten Behandlung, sie berichtet von keinerlei! Müdigkeit untertags, sie fühlt sich wesentlich kreativer, welches besonders in ihrem Beruf als Verleger eines lokalen Magazins sehr zugute kommt. Und als besonderes Erlebnis ist zu verzeichnen, dass Frau Sandra M. keine Schmerzmittel mehr einnimmt, die vorher zu ihrem Alltag gehörten.

Prof. Klaus-Peter Dreykorn ist mir in all den Jahren seit meiner ersten Rhetorikausbildung in 2002 mit ihm und seiner Frau Eva Maria ein wertvoller Freund und Berater geworden. Ich danke ihm ganz besonders für all die Jahre der Inspirationen, der Motivation und der außerordentlichen Unterstützung in der Umsetzung meiner Ziele und Wünsche.

Der wertvollen Rhetorikausbildung und dem Coaching von Prof. Klaus Dreykorn ist es ganz besonders zu verdanken, dass ich mich in 2009 dazu entschlossen habe, meiner neuen Berufung nachzugehen und diese seit Anfang 2009 erfolgreich auszuführen.

Bereits während meiner Tätigkeit als Cluster Director of Human Resources und Regional Director of Human Resources in einer globalen Firma ist mir bewusst geworden, wie wichtig das persönliche Mentoring und ein Coaching sind. Beides war täglicher Bestandteil meiner Arbeit.

# Klangschalen Coaching

**Reiner Hellbach**
Inhaber der International Wood
Solution
und Repräsentant der SST Shang-
hai Super Tec. Ltd.
Mitglied im Europäischen
Wirtschaftsverband EWH e.V.
Business Personal Coach ISF
Reiner.hellbach@gmx.de

**Wir werden zu sehr fremd bestimmt!**

Zahlreiche Seminare bei Prof. Klaus-Peter Dreykorn und auch seine Bücher haben meinen beruflichen, als auch privaten Werdegang maßgeblich positiv beeinflusst.

Zu Beginn unserer Zusammenarbeit war ich über
die von ihm gelehrte Tiefgründigkeit der
menschlichen Psychologie fasziniert. Das Coaching von Prof. Dreykorn war in meiner folgenden Karriere eine große Unterstützung, mein Leben und mein soziales, sowie berufliches Umfeld
stets zu beobachten, zu analysieren und negative Entwicklungstendenzen zu erkennen und zu
korrigieren.

So betrachte ich mit Sorge seit einigen Jahren
die Zunahme von psychischen Erkrankungen in
unserer Gesellschaft. Der durch Coaching ge-
schulte selbstkritische Blick für diese Entwicklung, veranlasste mich dazu, deren Ursachen zu
ergründen und prophylaktische Maßnahmen zu
ergreifen.
Es kann nicht geleugnet werden, dass die mo-

180

dernen Kommunikationsmittel sehr viel Lebenserleichterung, ja sogar Lebensbereicherung mit sich bringen, jedoch nur unter der Bedingung, dass diese rational und wohl dosiert eingesetzt werden. Die Spam- und Maileingänge nehmen subtil Tag für Tag zu. Kontinuierlich werden wir aufgefordert, etwas zu bearbeiten, zu löschen, abzuspeichern, zu beantworten oder zu lesen. Der Anrufbeantworter fordert uns auf, zurückzurufen und gleichzeitig meldet sich der Kalender im Smartphone mit der Einkaufliste für den abendlichen Einkauf im Supermarkt.

Wir werden in unserem Tagesablauf mehrheitlich fremdbestimmt und niemand scheint einen Ausweg aus der (zum Teil selbstverschuldeten) Abhängigkeit zu kennen. Das unbewusste Leben durch Fremdbestimmung macht jeden einzelnen in unserer Gesellschaft für psychische Krankheiten maßgeblich empfänglicher.

*Selfness-Coaching* hilft uns, solche und anderweitig negative Entwicklungen rechtzeitig zu erkennen und Maßnahmen für das eigene Wohlbefinden zu ergreifen. Als ausgebildeter *Selfness-Personal-Coach©* anderen Menschen zu einem erfüllten, selbstbestimmten Leben zu verhelfen, ist für viele Coaches eine Quelle des Glücks und der inneren Zufriedenheit.

Das neue Buch „Selfness-Coaching" von Prof. Klaus Peter Dreykorn wird in diesem Bereich neue Maßstäbe setzen, und als maßgeblicher Ratgeber viele wichtige Impulse und Anregungen geben.

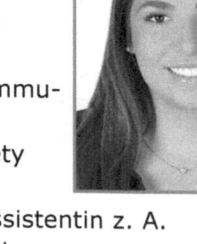

Manuela Kleine
PKA & Verkaufstrainerin
Personal- und Business Coach
Selfness Personal Coach©
Trainerin für Rhetorik und Kommu-
nikation ISF
Vice-President Speakers Society
ENB, Malaga
Pharmazeutisch-technische Assistentin z. A.
office@med-verkaufstraining.de
www.med-verkaufstraining.de


"Erkenne deine Ressourcen
und nutze sie!"

Jeder Mensch hat Fähigkeiten und Stärken. Jeder
Mensch hat etwas was ihn antreibt.

- Wie ist das bei Ihnen?
- Was lässt Sie tagtäglich aufstehen?
- Was motiviert Sie?
- Was macht Sie glücklich?


In den letzten 6 Jahren habe ich mich in den Bereichen Kommunikation, Psychologie, Rhetorik,
Training und Coaching weitergebildet.

Meine wichtigsten Wegbereiter und Klartext-
Redner sind bis heute mein Studienleiter und
Mentor Prof. Klaus-Peter Dreykorn und seine liebe Frau Eva.    Unverblümte Kundgebung der
persönlichen Meinung, jahrzehntelange Erfah-

rung, hochkarätiges Wissen und die Menschen-
kenntnis dieser beiden Persönlichkeiten haben
mir geholfen, meine Ressourcen zu finden und
zu nutzen!

Mein Focus: Verkaufen mit Gefühl, wertschät-
zende Kommunikation, motivierendes Teamtrai-
ning, Kompetenzförderung im Coaching. Ganzheitlich Körper, Geist und Seele in Einklang bringen.

Der Wunsch ruhiger zu werden, weniger Stress
zu haben bzw. diesen besser zu verarbeiten und
lenken zu können, Körper, Geist und Seele gesund und fit zu erhalten, sich bewusst mit sich
selbst zu beschäftigen und in sich hinein hören,
wird immer größer. Zum Glück!
Ich sehe als angehende Pharmazeutin speziell
auch den gesundheitlichen Aspekt. Immer wieder kehrende Erkrankungen haben genauso eine
Ursache, wie akute Erkrankungen. Hier ist Ursa-
chenforschung gefragt.

Den Grund, den Ursprung herauszufinden – und
dementsprechend zu agieren, damit die Be-
schwerden nachlassen und dann hoffentlich ganz
verschwinden. "Symptom-Betäubung" hilft uns
nur für eine kurze Zeit. Körperliche Krankheiten
sind auch meist seelischer Herkunft. Wie kann
sich die Seele (unsere Psyche) denn sonst zeigen?

Eine positive Lebensanschauung zu haben ist
eine Wahl! Deine Wahl!

Du kannst wählen, Gedanken finden, die deine Stimmung heben, ein konstruktiveres Licht auf schwierige Situationen werfen und allgemein deinen Tag mit strahlenderen, hoffnungsvolleren Herangehensweisen an Dinge, die du tust, zu färben. Wähle eine positive Lebensanschauung und schiebe dein negatives Denken zur Seite! Versuche deine Visionen und deine Stärken zu puschen und zu leben. Das Leben steckt voller Möglichkeiten!

**Kathrin Küttner**
Dipl. Ökonomin sozial-kultureller Bereiche
Selfness Personal Coach©
Coaching im Raum Berlin und Brandenburg,
Vaastu-Beraterin
post.am.meer@web.de

**Das Konstanteste ist die Veränderung!**

Ein Satz, der sich tief in mir eingegraben hat, als ich diesen das erste Mal als junge Frau hörte. Wie wahr dieser Satz ist, erfahre ich seither fast täglich - ganz besonders seit dem Fall der Mauer. So habe ich hautnah zwei Gesellschaftssysteme, unterschiedlichste Berufe und Randbedingungen erfahren. Permanent durfte ich meine Perspektive wechseln: von der Angestellten zur

Unternehmerin und Chefin und umgekehrt, von Wohlstand und Fülle zu finanzieller und materieller Begrenzung und umgekehrt, etc.

Es gibt kaum noch etwas, was sicher scheint. Zu stark verändert sich die Welt und damit die verbundenen Lebensumstände für jeden Menschen.

Wirtschaftliche, gesellschaftliche, politische und nicht zuletzt familiäre Strukturen brechen zusammen und greifen gravierend in das Leben von jedem Einzelnen ein. Es sind Herausforderungen und Veränderungen zu meistern, auf die die meisten nicht vorbereitet sind.

Es gibt es nur wenige gesellschaftliche Ansätze diesbezüglich. Noch reagieren öffentliche Bildungseinrichtungen, wie z.B. Schulen auf den rasant steigenden Bedarf, neue Verhaltensweisen- und Denkweisen, Lebenskonzepte und Ansichten zu entwickeln und individuelle Lösungen zu erarbeiten. Dennoch hinterfragen immer mehr Menschen ihr Dasein und die Sinnhaftigkeit ihres Tuns.

Der immer komplexer werdende Alltag erfordert ein Höchstmaß an Flexibilität, Energie und persönliches Selbstmanagement auf der einen Seite. Andererseits steigt die Zahl der physischen und psychischen Erkrankungen. Die Schulmedizin ist längst an Ihre Grenzen gestoßen. Schon heute ist eine Tendenz zu verzeichnen, welches in dem Streben nach individuellen Lebensformen, Ausgeglichenheit und Sinnhaftigkeit besteht, um den wachsenden Anforderungen gerecht zu werden.

Aus all diesen Gründen glaube ich, dass es einen riesigen Beratungs- und Betreuungsbedarf schon heute und in naher Zukunft gibt und geben wird.

Ich persönlich beschäftige mich schon seit Langem mit diesen Themen, stets mit dem tiefen inneren Wissen, dass man bis zur Stunde seines Todes körperlich, geistig und seelisch vollkommen gesund sein kann. Davon bin ich 100% überzeugt!

Diese innere Vision hat mich angetrieben und auf eine ganz persönliche Reise geschickt, nach mehr und dauerhafter Lebensqualität zu forschen, die eigenen Fähigkeiten zu entdecken und ungeahnte Möglichkeiten zu erfahren.

So habe ich in Indien uralte Heil-und Entspannungstechniken erlernt. Das Studium des Vaastu – ein System mit dem Häuser, Wohnungen und Grundstücke für mehr Wohlbefinden, Erfolg und Wohlstand eingerichtet werden absolviert und mit diesem Wissen Ausgeglichenheit, Klarheit und Heilung erfahren.

Und an dieser Stelle schließt sich für mich der Kreis, warum ich die Ausbildung zum *Selfness Personal Coach*© bei Prof. Dreykorn absolviert habe.

Denn es ist die Kombination aus körperlicher Tiefenentspannung und individuellem Coaching, die für den Erfolg einer guten und ganzheitlichen

Beratung ausschlaggebend ist und mich an-
spricht. Genau das wird durch die von Prof.
Klaus-Peter Dreykorn entwickelte SEN-Methode©
ermöglicht und gibt mir ein weiteres Werkzeug
an die Hand, Menschen auf ihrer Lebensreise
ganzheitlich zu begleiten und zu unterstützen.

Ich freue mich, schon jetzt meinen Klienten,
Freunden und Bekannten, dieses neue Buch von
Prof. Klaus Dreykorn ans Herz legen zu können.

Szene von der Ausbildung
zum Selfness Personal Coach©

Gerlinde Meijer
Systemische Beratungspraxis
Systemische Therapeutin (SG)
Klientenzentrierte
Kunsttherapie (AKP) und
integrative Kunst-
und Ausdruckstherapie
(Lernmanagement VHS Karlsruhe)
Dipl.-Sozialarbeiterin
Dozentin an der Heidelberger
Akademie für Gesundheitsbildung (HAG)
info@claro-vita.net
www.claro-vita.net

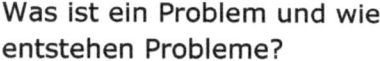

**Was ist ein Problem und wie
entstehen Probleme?**

Ein Problem ist eine negativ bewertete Abweichung eines Ist-Zustandes vom Soll-Zustand.
Der Begriff Zustand kann sich auf

- Verhaltensweisen,

- Ereignisse,

- Gefühlsverfassungen beziehen,

entweder auf die der eigenen Person oder auf
die anderer Personen.

**Wann und wie wird ein Problem als Problem
wahrgenommen?**

Die Wahrnehmung eines Problems ist immer an Beobachtungen gebunden. Ein Problem wird von unterschiedlichen Menschen unterschiedlich wahrgenommen, in der Art und Weise wie es sich zeigt, zu welchem Zeitpunkt und wie häufig. Auch wird ein Problem von verschiedenen Beobachtern unterschiedlich gewertet. Auf „Problemzustände" oder „Problemverhalten „ wird verschieden reagiert. Die Erklärungen für ein Problem im Hinblick auf seine Ursachen und Bedeutung fallen unterschiedlich aus.

Sicherlich gibt es bei Menschen ähnlicher Prägung Übereinstimmung darüber, wann jemand zu passiv, zu aggressiv, zu dick, zu dünn ist oder zu viel trinkt,...
Stimmen Beobachter in ihrer Problembeschreibung und -bewertung überein, werden sie gemeinsam nach Lösungen suchen. Ist dies nicht der Fall, kann es zu Überzeugungs- und Veränderungsversuchen kommen. Es können sich gegensätzliche Muster wie Anklagen und Leugnen bilden oder symmetrische Eskalationsmuster.

Wer definiert den Soll-Zustand?
Ein Beispiel: Ein Kind, welches langsamer als der Rest der Klasse schreibt, hätte unter veränderten Rahmenbedingungen möglicherweise kein Problem. Auch die Klassenlehrerin hätte kein Problem mit dem individuellen Tempo des Kindes.

Doch unter den gegebenen Rahmenbedingungen, die ein SOLL vorgeben, hat die Lehrerin ein Problem, da sie über wenig Möglichkeiten verfügt dieses Kind zu integrieren. Die Mitschüler haben eventuell ein Problem, wenn sie warten müssen, oder weil die Stimmung gereizter wird. Die Mutter hat möglicherweise ein Problem, weil sie versucht das Tempo des Kindes zu beschleunigen, das Kind hat dann eventuell ein Problem, weil es schlechte Laune bekommt und die Mutter ungeduldig wird, plötzlich konzentriert sich alles darauf, wie die Abweichung vom Soll-Zustand verringert werden kann. Der Tanz um das Problem ist im vollen Gange.

In sozialen Systemen werden Probleme kommuniziert. Die Kommunikation über ein Problem kann verbal aber auch nonverbal erfolgen. ( z.B. depressive Stimmungen ) Die Art und Weise der Kommunikation über ein Problem kann die Wertigkeit verstärken oder abschwächen.

**Wie lässt sich auf diesem Hintergrund „ein Fehler" definieren?**

„Ein Fehler" ist in erster Linie ein Verhalten, eine Handlung, die nicht zu einem gewünschten, selbst-, oder fremd definierten Ergebnis führt. Auch hier hängt die Einschätzung von der individuellen Beobachtung und Wertung ab.

**Rainer Simon**
Inhaber/Geschäftsführer
Business Personal Coach ISF
Vice-President of
Speakers Society ENB
info@sina-tec.de
www.sina-tec.de

Ich kann nur jemanden „anzünden", wenn ich selbst „brenne"!

Hatten Sie nicht auch schon das ein oder andere Mal, diese Situation:
Sie stehen morgens auf, die Sonne strahlt ins Zimmer, der Himmel ist königsblau und Sie könnten die ganze Welt umarmen.

Just in diesem Moment schießt Ihnen ein Gedanke, ein Projekt oder eine Geschäftsidee in den Kopf mit dem Wunsch, dies sofort umzusetzen.

Was geschieht allerdings wenige Sekunden danach.... „Das erreichst du sowieso nicht, was sollen die Leute denken, das hat in unserer Familie noch niemand gemacht und was machst du, wenn es schief geht? usw. usw"

Solche und ähnliche Gedanken bremsen schließlich sofort unseren Tatendrang. Wir beginnen dann, „logisch und vernünftig" zu denken. Genau wie wir es von klein an immer wieder von unserem Umfeld, gehört und gelernt haben.

Die Folgerung hieraus heißt natürlich nicht, dass wir uns keine Gedanken machen und uns blind in irgendwelche Projekte stürzen sollen, jedoch die Besinnung auf unsere eigenen Wünsche, auf unsere ganz persönlichen Fähigkeiten und Stärken, dürfen wir nicht außer Acht lassen. Nur dann haben wir auch die Chance ein wirklich erfülltes, zufriedenes und zu guter Letzt erfolgreiches Leben zu führen.

Erfahren wir es nicht immer wieder, wenn wir wirklich von einer Sache überzeugt sind, wenn wir ohne Wenn und Aber hinter einem Produkt, einem Projekt stehen, dann gelingt vieles ohne wirklich große Mühe. Wir verkaufen leichter, überzeugen unsere Mitmenschen, es gelingt einfach vieles wie von selbst. Wir haben mehr Erfolg, sind zufriedener und ausgeglichener.

Diese Grundhaltung und Lebensphilosophie hat mein Freund und Mentor Klaus Dreykorn in mir wieder hervorgehoben und mich bestärkt, wieder öfter meinem Bauchgefühl bzw. meiner inneren Stimme zu folgen. Es waren unvergessliche Stunden lösungsorientierter Gespräche, die wir in Malaga mit Blick aufs Meer geführt haben.

Diese Erkenntnisse und die daraus erfolgte Selbstmotivation schufen in mir eine nachhaltige positive Grundhaltung. Das Ergebnis ist bis heute ein zufriedenes und ausgeglichenes Leben im privaten und beruflichen Alltag!

Lars Voges-Wallhöfer
Rechtsanwalt und Mediator
Fachanwalt für Steuerrecht
Fachanwalt für Medizinrecht
Vice-President der
Speakers Society ENB
l.voges-wallhoefer@ra-
kohlschein.de
www.ra-kchlschein.de

## Perspektiven für ein Coaching
## Werde Anwalt deiner eigenen Interessen!

Zwei Drittel der Deutschen erledigen ihren Job lustlos. (Bund /Rohwetter, Die Zeit 15/2014, S.23
Genaue Zahlen für den Beruf des Rechtsanwalts liegen mir nicht vor. Es ist anzunehmen, dass die Unzufriedenheitsquote ebenfalls nicht gerade niedrig ist. Woran liegt das?

Unzufriedenheit entsteht vor allem dadurch, dass Auftraggeber, Partner oder Chefs einem regelmäßig die nötige Achtung und Wertschätzung für die eigene Leistung verweigern. Wo Wertschätzung fehlt, geht auch die Wertschöpfung verloren. Kommt das Gefühl andauernder Fremdbestimmung hinzu, ist die Basis für ein Ausgebrannt-Sein geschaffen.
Das Risiko der Fremdbestimmung ist bei beratenden Berufen noch größer als bei anderen Tätigkeiten. Jeder Mensch füllt tagtäglich mehrere Rollen aus. Neben seiner beruflichen Tätigkeit ist er Ehe- oder Lebenspartner, Elternteil, Freund

oder Freundin, Vereinsmitglied, Nachbar oder Kollege. Schon in diesen Rollen ist man Berater, Kontrolleur, Tröster, Verhandelnder, Finanzplaner oder Helfer. Die gleichen Aufgaben muss man dann auch noch gegenüber einer Vielzahl von Klienten übernehmen. Hinzukommen Auseinandersetzungen und ständige Überzeugungsarbeit mit Gegnern, Gerichten, Sachverständigen und den Kollegen und Partnern in der eigenen Kanzlei.

**Werkzeuge für die Selbstwirksamkeit**
Niemand hat alle Dinge in der Hand. Sie können Ihrem jeweiligen Gegenüber nicht einfach an- oder ausschalten. Das ganze Leben ist multikausal. Doch gerade weil man durch eigenes Sprechen und Handeln zumindest einen Anteil daran hat, wie andere Menschen denken und agieren, lohnt es sich, wirkungsvolle Instrumente an der Hand zu haben, um die eigene Wirkung auf Andere zu steigern. Wer aus dem Reagieren herauskommt und beginnt, für sich und sein Gegenüber aktiv zu werden, erfährt sehr bald, dass er Möglichkeiten hat, dass er Einfluss hat, dass er im besten Fall sogar etwas verändern kann.

Ich weiß, dass vor dem Sprechen und Handeln das Denken und Fühlen kommt. Gerade dann, wenn man anders sprechen und handeln will, als man es gewohnt ist, anders als man geprägt wurde. Veränderung fällt nicht jedem leicht. Zur Veränderung gehört Mut. „Mut ist ein Anagramm von Glück", trug *Julia Engelmann* im Jahr 2013 in einem Poetry-Slam vor. Das ist keine schnulzige Teenager-Lyrik.

Das ist eine mehr als berechtigte Aufforderung zum Tun: Lass Lust auf etwas Neues entstehen! Denn das Ziel der Veränderung lohnt sich. Das Ziel heißt: Selfness durch das Gefühl der Selbstwirksamkeit.

Jede Veränderung fällt leichter, wenn man Werkzeuge zur Hand hat, die einem Hilfe und Unterstützung geben.

Schlüssel zur Wahrnehmung

Beginnen Sie auf jeden Fall mit einer ICH-Inventur, die Ihnen Prof. Klaus-Peter Dreykorn in seinem Buch „Entdecke die geheime Macht in dir!", für welches ich ihm sehr danke, nahebringt.

Aus eigener guter Erfahrung empfehle ich Ihnen herauszufinden, welche Wahrnehmungspräferenz Sie haben. Menschen haben unterschiedlich ausgeprägte Wahrnehmungskanäle. Sie beeinflussen nicht allein die sprachliche Ausdrucksweise. Sie sorgen auch für Sicherheit oder Unbehagen bei der Wahl der passenden oder unpassenden Arbeitstechnik, Verhandlungsweise, Umfeldgestaltung und sogar Form der Erotik!

Es gibt grob eingeteilt drei Wahrnehmungstypen:

Den visuellen Typ (sehen).
Den auditiven Typ (hören).
Den kinästhetischen Typ (fühlen, schmecken, riechen).

1. Der visuelle Typ schätzt die sichtbare Ordnung im Büro und zu Hause. Er wird gestört durch zu viele Farben, durch „unpassendes" Licht, durch einen Stilmix oder Asymmetrien. Der Visuelle lernt durch Sehen. Ihm helfen grafische Darstellungen, Listen, Unterstreichungen.

Er merkt sich Gesehenes besser als Gehörtes und bevorzugt eine visuelle Termin- und Aufgabenplanung. Da er sich von Unordnung und Bewegung ablenken lässt, sollte er vor der Arbeit aufräumen und wegräumen, was aktuell nicht zu bearbeiten ist: „Aus den Augen, aus dem Sinn." Der visuelle Typ kann sich durch innere Bilder oder Filme selbst motivieren. Das geschriebene, sichtbare Lob kommt bei ihm besser an. In Verhandlungen sollte er für Augenkontakt sorgen. In jedem Fall benötigt er das Gesicht des Gesprächspartners, um dessen Mimik und Gestik sehen zu können, so dass er  wichtige Gespräche nicht am Telefon führen sollte.

2. Der auditive Typ ist abhängig von „angenehmen" Stimmen und Geräuschen. Er benötigt eine ruhige Arbeits- und Wohnatmosphäre, also keine Hintergrundmusik und keine Hintergrundgeräusche, wenn er arbeitet – aber auch wenig visuelle Reize. Der Auditive lernt durch Hören; er kann schnell einen Text in die eigene Sprache umsetzen. Ihm fällt die Arbeit mit einem Diktiergerät leichter als Anderen. Er schätzt auch Freisprechanlagen oder Headsets. Terminplaner sind für ihn

nichts; Besprechungen mit seiner Assistentin sind ein Muss. Der auditive Typ schätzt Verhandlungen am Telefon. Er will Angelegenheiten sofort besprechen. Für ihn müssen die Dinge nur einmal gesagt werden. Jedes Wort zählt. Deshalb erreicht ihn gesprochenes Lob am besten.

3. Der kinästhetische Typ benötigt eine gute Atmosphäre und ein gutes Gefühl zu Menschen und Dingen. Das Raumgefühl muss stimmen. Je nach Typ braucht der Kinästhet besonders viel oder besonders wenig Platz für sich. Ein Stehpult kann für ihn sehr geeignet sein, weil er beim Telefonieren und Denken gerne geht oder steht. Kreativität und Konzentration entstehen bei ihm durch Bewegung. Er lernt durchs Ausprobieren. Der kinästhetische Typ schätzt die Teamarbeit, fördert und fordert die Aktivität von anderen. Er führt Verhandlungen am liebsten durch persönliche Gespräche, ist aber nicht unbedingt ein Meister darin, Argumente strategisch zu platzieren. Aber ihm gelingt es, Stimmungen einzufangen, und kann leicht, eine gute „Chemie" zu anderen Menschen herstellen.

Um herauszufinden, welche Wahrnehmungspräferenz Sie haben, lassen Sie sich von einer Person eine ausreichende Anzahl von Begriffen (etwa zwanzig) nennen. Entscheiden Sie spontan, welchen Sinneseindruck Sie bei dem jeweiligen Wort haben (z.B. „Auto": Anblick Ihres Lieblingswagens, wie sein Lack in der Sonne glänzt; der satte Klang eines V8-Motors beim Anlassen;

der lederne Geruch eines Neuwagens). Zählen Sie daraufhin zusammen, wie oft Sie in Ihrer Fantasie jeweils etwas gesehen, gehört oder empfunden haben.

Der Sinneskanal, den Sie am häufigsten genannt oder aufgeschrieben haben, wird mit hoher Wahrscheinlichkeit Ihrem Wahrnehmungstyp entsprechen. Dabei ist es möglich, dass neben dem Haupt-Typ auch eine zweite, etwas schwächere Präferenz vorhanden ist.

Beispiele für Assoziations-Begriffe: Kaffee, Meer, spielende Kinder, Flieder, Flugzeug, Blumenkohl, frisches Brot, Regen, Ferien, Markt, Seife, Gewitter, Sonnenuntergang, Kunde, Porsche, Mozart, Kamera, Sex, Schule, Wein.

**Beziehung zu anderen Menschen herstellen**

Nutzen Sie die unterschiedlichen Wahrnehmungssysteme auch, um einen besseren Zugang zu anderen Menschen zu erlangen. Das Erkennungszeichen ist dabei die Wortwahl des Gesprächspartners:

Der visuelle Typ benutzt Sätze wie: „Das sehe ich anders. Wie sehen Sie das? Das ist mir klar. Das sieht so aus. Das will ich damit zeigen. Es scheint so zu sein. Meiner Ansicht nach...“

Der auditive Typ wählt hingegen folgende Wendungen: „Das hört sich gut an. Stimmt das? Das verstehe ich. Das will ich damit sagen. Es hört sich so an. Nach meinem Verständnis...“

Der kinästhetische Typ drückt sich stattdessen so aus: „Das passt mir nicht. Können Sie das nachvollziehen? Das begreife ich. Das will ich damit belegen. Das kratzt mich wenig. Nach meinem Gefühl...“

Hören Sie, auf welchem Wahrnehmungskanal ein Mensch gerade sendet, und sprechen Sie ihn auf derselben Art an. Üben Sie ein paar Redewendungen, damit Sie diese parat haben.

Was hat das mit Selfness zu tun, fragen Sie jetzt, wenn Sie von Ihrer eigenen Art zu sprechen bzw. sich auszudrücken abweichen sollen? Sie wollen doch wirksam sein. Sie wollen doch das Heft des Handelns in die Hand bekommen. Dazu benötigen Sie eine Beziehung zum Anderen. Sie müssen ihn mental erreichen. Denn erst wenn die Beziehungsebene zwischen Ihnen und Ihrem Gesprächs- oder Verhandlungspartner positiv oder zumindest neutral ist, hat das Sachargument, das Sie so dringend anbringen müssen, eine Chance! Umgekehrt sorgt die Wahl des falschen Kanals zu subtilen Unebenheiten und Friktionen in der Kommunikation, schlimmstenfalls sogar zu Missverständnissen.

Ein weiteres probates Mittel, um eine Beziehung zu einer anderen Person herzustellen, ist das Spiegeln (mirroring) der non-verbalen Kommunikation. Grob gesprochen geht es darum, die Gestik, Sprache und Mimik des Gegenübers zu kopieren. Redet Ihr Gesprächspartner besonders langsam und leise und sitzt zurückgelehnt im Stuhl, sollten Sie ebenso langsam und leise sprechen und seine Sitzhaltung annehmen. Das macht Sie unbemerkt sympathischer! Damit steigen die Chancen, dass Sie sich mit Ihren Argumenten durchsetzen.

**Perspektivwechsel als mentales Training und Verhandlungshilfe**

Was tun, wenn die Mandanten „schwierig" bleiben?

Trainieren Sie im nächsten Schritt, die Perspektive zu wechseln. „Schwierige Mandanten sind Spiegel Ihres Denkens!" (Johanna Busmann) Die Perspektive zu wechseln, die Interessen- und Gefühlslage des Anderen nachzuvollziehen, ist ein wichtiges Element in der Mediation. Machen Sie sich diesen Hebel zunutze, um aus mentalen Gefängnissen und gedanklichen Teufelskreisen herauszukommen.

Folgende Übung hilft mir dabei noch heute sehr:

Stellen Sie sich einen Menschen vor, der schon beim Gedanken an die nächste Begegnung mit Ihnen eine erhöhte Adrenalin-Ausschüttung verursacht. Schreiben Sie in einem Wort auf, was genau diesen Menschen für Sie so schwierig macht. Beantworten Sie nun folgende Fragen:

- Was hat dieses Wort mit Ihrem Denken und Fühlen zu tun?
- Was an diesem Wort lehnen Sie für sich selbst ab?

200

- Was wünschen Sie sich an sich selbst in Bezug auf dieses Wort?

- Erzählen Sie eine Geschichte über die Bedeutung dieses Wortes für Ihr Leben.

- Versetzen Sie sich nun gedanklich in den Mandanten und erleben Sie sich selbst aus seinen Augen.

- Welchen Rat könnte er Ihnen geben, damit Sie besser mit ihm klarkommen?

Setzen Sie die Methode des Perspektivwechsels auch in der Beratung ein! Entschlüsseln Sie so Konfliktursachen und entdecken Sie dadurch Lösungsansätze für einen Konflikt. Nicht selten werden Sie als Jurist konsultiert, obgleich der Streit auf einer ganz anderen, aber unerkannt gebliebenen Ebene schwelt und dort gelöst werden muss.

Denken Sie noch einmal an die verschiedenen Rollen, in die jeder von uns tagtäglich schlüpft. Am Modell des Familienunternehmers – ein in vielen Rechtsanwaltskanzleien auftretender Mandantentypus – lässt sich am besten verdeutlichen, dass sich genaues Hinhören und Hinschauen lohnen. Der Psychologe *Prof. Dr. Arist von Schlippe* hat herausgearbeitet, dass sich der Familienunternehmer grundsätzlich in drei sich teilweise überschneidenden Systemkreisen bewegt:

Familie – Unternehmen – Kapitaleigner

In jedem dieser Systeme denkt, spricht und handelt er anders. Konflikte entstehen dadurch, dass weder ihm, noch seiner Umwelt (gerade seinen Kindern) bewusst wird, aus welcher Rolle heraus er in der jeweiligen Situation kommuniziert. Spricht der Vater den Sohn im Rahmen von Gesprächen über die Unternehmensnachfolge auf der emotionalen familiären Ebene an, „hört" der Sohn aber auf dem Unternehmer-„Ohr" und reagiert nüchtern, analytisch, wird der Vater nicht selten verstört reagieren, sich unverstanden fühlen und den Sohn vielleicht als undankbar empfinden. Der Konflikt ist da und greift um sich. Gelingt es einem Berater, das zu erkennen und herauszuhören, hat er schon den Schlüssel für eine Streitlösung in der Hand.

Schließlich erleichtern Sie sich auch jeden Gang in eigene Verhandlungen, indem Sie die Sachprobleme von den Menschen trennen. Konzentrieren Sie sich nicht auf Positionen, sondern auf Interessen. Entwickeln Sie bereits vor einer Verhandlung hypothetische Entscheidungs-Optionen, die für beide Verhandlungsseiten von Nutzen sein können.

**Jens Zimmermann**
Praxis für
Hypnose & Mentaltraining
Mitglied DNBGF -
Deutsches Netzwerk Betriebliche
Gesundheitsförderung
Mitglied SEKIZ e.V. Potsdam
Moderator
Radio HELPFM.DE
klmhypno@aol.com

Der „Königsweg" zu erfolgreichen
Coaching-Prozessen.

Materielle Wünsche stehen bei den meisten Menschen hoch im Kurs. Ob das gut oder schlecht
ist, soll hier nicht bewertet werden. Wünsche
haben durchaus ihre Berechtigung und dürfen
auch Ziele im Leben darstellen. Darüber hinaus
ist inzwischen ein neuer Trend zu konstatieren:
die Sehnsucht nach »innerem Wachstum« und
»persönlicher Reife«. Diesen Trend nannte vor
einigen Jahren der bekannte Zukunftsforscher
Matthias Horx "Selfness", was sich wohl am
besten mit „Selbst-Optimierung" übersetzen
lässt. In einer Zeit rapiden Wandels geht es für
jeden Einzelnen notwendiger Weise um Selbst-
Optimierung durch Umorientierung und Veränderung. Neben der physischen Gesundheit (44 %)
spielen sogenannte Soft-Skills, also Selbstverän-
derungsintentionen und mentale Beziehungen zu
Partner/Umwelt (60 %) eine herausragende Rolle! (Quelle: Henley Center)

Handlungsanweisungen und Bücher zum Thema

203

sind inzwischen Legion. In der Praxis sieht das dann so aus, dass trotz vollmundiger Versprechungen vieler Autoren die Menschen immer wieder die gleichen Erlebnisse anziehen. Immer wieder die gleichen Probleme in Beziehungen. Immer wieder Verluste, Enttäuschungen, finanzielle Schwierigkeiten, Hilflosigkeit usw. erleben. Dies erklärt sich aus einem prinzipiell verfehlten Ansatz, der sich an die Kognition, den Verstand und die Willenskraft richtet.

Dagegen lehrt die moderne Neurobiologie, dass das, was sich auf der Bildschirmoberfläche unseres Bewusstseins abbildet, von Programmen aus unserem Unterbewusstsein stammt. Das ist das unbequeme Geheimnis, weshalb Veränderungsbestrebungen auf der kognitiven Ebene so wenig Wirkung zeigen. Das Unbequeme daran ist, dass man die Realität nicht austricksen kann. Jeder einzelne Gedanke und jedes einzelne Gefühl, egal ob positiv oder negativ, zeigt sich als Ereignis oder Lebensumstand in unserer Realität. Und zwar absolut exakt! Wir erleben, was wir sind, und wir sind, was wir erleben. Von dieser Regel gibt es keine Ausnahme.

Dabei gilt für Coaching-Prozesse, das Vergangene ist niemals tot - es ist nicht einmal vergangen! Wir werden mit der Geburt „unfertig ausgeliefert" und dann „fertiggemacht" - durch Erziehung, Religion, Schule, Ausbildung. „Du redest nur, wenn du gefragt wirst" oder „Dafür bist du zu dumm" oder „Das kannst du sowieso nicht" sind beispielhafte Programme und Muster, die das Verhalten im späteren Leben durch Ängste

und Blockaden bestimmen und in unser Unterbewusstsein eingebrannt sind. Sie können uns
daran hindern, gesteckte Ziele zu erreichen.

Die sogenannte Positive Psychologie postuliert,
Denkstrukturen können sich ändern. Dabei geht
es darum, Ziele zu setzen, Dankbarkeit zu üben,
Optimismus zu trainieren, Grübeleien und soziale
Vergleiche zu vermeiden, Hilfsbereitschaft zu
stärken, soziale Kontakte zu vertiefen, Vergeben
zu lernen, im Hier und Jetzt zu leben, Flow-
Effekte zu haben, sich mit Religion und Spiritua-
lität zu beschäftigen und für seinen Körper zu
sorgen (Ruckriegel). Ein anspruchsvoller Kata-
log, dessen Umsetzung den Einzelnen ohne hilf-
reiche Assistenz zumeist vor unlösbare Aufgaben
stellt.

Bedauerlicherweise hilft auch der Unsinn mit den
„positiven Affirmationen" auf dem Weg der
Selbstoptimierung nicht wirklich. Hindernisse
sind Blockaden, die einem buchstäblich von der
Wiege an in den Weg gestellt werden. Die Muster sind fest im Unterbewussten eingebrannt. Die
Blockaden wirken wie tonnenschwere Felsblöcke,
an denen kein Vorbeikommen ist. Man ist wie
gelähmt und wirft seine Pläne schnell über den
Haufen. Man fühlt sich so, also ob man mit an-
gezogener Handbremse fährt.

Eine der bekanntesten Figuren der Coaching-
Szene, Milton Erickson, postulierte, dass der
Klient seine ganz persönliche Problem-Lösung
schon in sich trägt und es in erster Linie darum
geht, den Weg dazu freizumachen. Und genau

das zeigt sich in der Praxis als der „Königsweg"
zu erfolgreichen Coaching-Prozessen.

Die Lösungen für erfolgreiches Selfness-
Coaching müssen aus dem Betroffenen selbst
kommen und dazu verhilft ergebnisorientiert und
zeitlich höchst effizient die Arbeit mit dem Unterbewusstsein.

Die so erreichten Vorstellungen arbeiten im Unterbewusstsein weiter – aber auch im Bewusstsein. Man ist dann auch bereit, die neuen Ideen
umzusetzen und ändert sein Verhalten.

Blockaden können Hinweise sein, Veränderungen vorzunehmen. Die Arbeit an den Blockaden
lohnt sich, sie sind lösbar. Krankheiten und
Konflikte sind in jedem Fall  Fingerzeige, dass
man an sich arbeiten sollte. Es gibt verschiedene Methoden, mentale Hindernisse aus dem
Weg zu räumen und zielgerichtet ins Handeln zu
kommen.

Zur raschen Befreiung von Ängsten, Sorgen,
Phobien und emotionalen Blockaden bieten sich
z.B. Verfahren der Energetischen Psychologie,
bilaterale Hemisphärenstimulation EMDR und
hypnotische Techniken an.

Und übrigens, die Realität kann uns nicht mit
einem Glück beschenken, das wir zuvor nicht
schon in unserem Inneren hatten. Erst innen
dann außen! Einen anderen Weg gibt es nicht.

# Der Autor

Klaus-Peter Dreykorn

gründete 1980 ISF
Management Consulting und
fünf Jahre später die ISF
RhetorikAkademie. Er coacht,
trainiert und berät vorwie-
gend in mittelständischen Unternehmen.

Als Gastprofessor unterrichtet Klaus-Peter Dreykorn Rhetorik und Kommunikation in den Kom-
petenzbereichen FÜHREN, REDEN UND VERHANDELN

Mehr als 35.000 Personen nahmen an seinen
Seminaren, Vorlesungen, Trainings und Coachings teil. Journalisten, Moderatoren und Politi-
ker lassen sich gerne von ihm coachen.

Klaus-Peter Dreykorn entwickelte die PROTO-
RING®-Erfolgsmethode, die von Unternehmen,
Verbänden und Hochschulen gleichermaßen be-
achtet und anerkannt wird.
Als Autor hat sich Klaus-Peter Dreykorn seit Jah-
ren einen Namen gemacht. Seine Bücher, u.a.
„Entdecke die geheime Macht in dir!" sind alle
bei Amazon und im Buchhandel erhältlich.

Klaus-Peter Dreykorn ist Kooperationspartner
der TÜV Management Service GmbH, München
und Präsident der privaten Association
„Speakers Society ENB". Prof. Dreykorn zählt zu
den führenden Coaches und Trainern im
deutschsprachigen Raum.

# Literatur- und Quellenverzeichnis:

Bach, George R.: "Streiten verbindet" (Amazon)

Bales, R. F.: „Interaction Process Analysis" (Addison-Wesley, Reading/Mass. 1950)

Bamberger, Günter: "Lösungsorientierte Beratung" (Beltz Verlag)

Berne, Eric: „Spiele der Erwachsenen" (Rowohlt Verlag)

Birkenbihl, Vera F.: „Das innere Archiv" (Amazon)

Czierwitzki, Manfred: „Positives Denken gezielt einsetzen" (Gondrom Verlag)

De Bono, Edward: „Denkschule" (Orbis Verlag)

Dreykorn, Klaus: „Entdecke die geheime Macht in dir!" (Shaker Media Verlag)

Dreykorn, Klaus: „Wertschätzung zwischen Mann und Frau" (E-Book, Amazon )

Dreykorn, Klaus-Peter: „Kommunikations-Laboratorium."(ISF RhetorikAkademie)

Drucker, Peter F.: „Die ideale Führungskraft" (Amazon

Dychtwald, Ken:„Körperbewusstsein." (Synthesis Verlag)

Engel, Wilhelm: „Script: Soziale Fähigkeiten", Königsteiner Akademie

Fairhurst/Sarr: „Die Kunst, durch Sprache zu führen" (Metropolitan-Verlag)

Fit For Fun – Online Redaktion

Freie Enzyklopädie (Wikipedia)

Glas, Lillian: „Sag doch einfach, was Du denkst!" (Oesch Verlag)

Hansen, Hartwig: „Die Liebe wieder finden" (Amazon)

Harris, Thomas A.: „Ich bin o.k. – Du bist o.k." (Rowohlt Verlag

Havener, Thorsten: „Die Macht der Gedanken" (Rowohlt Verlag)

Herz, Eduard: „Vollendung im Geschlecht" (Glock und Lutz Verlag)

Horx Matthias: „Selfness-Trend" Zukunftsinstitut GmbH Kelkheim und Wien.

Jacoby, Edmund: „Philosophen" (Gerstenberg Verlag)

Jung, C. G.: „Typologie." (Deutscher Taschenbuch Verlag)

Kompetenzprofile – erwachsenenbildung.at

Langmaack, Barbara: „Themenzentrierte Interaktion." (Psychologie Verlags Union)

Lauster, Peter: „So stärken Sie Ihr Selbstbewusstsein" (Econ Verlag)

Loos, Wolfgang: „Coaching für Manager" mi verlag moderne industrie

Lehnert, Karl: „Konfliktmanagement und Konfliktsteuerung", Manuskript/Vorlesung

Marks, Stephan: *Scham - die tabuisierte Emotion."* 2. Auflage, Patmos Verlag

Matschnig, Monika: „Körpersprache verstehen." (Gabal Verlag)

Miller, Alice: „Am Anfang war Erziehung" (Frankfurt 1980)

Murphy, Joseph: „Die Macht Ihres Unterbewusstseins", Knaur Verlag)

Österreichischer Coachingdachverband

Peale, Norman Vincent: „Was Begeisterung vermag" (Orbis Verlag)

Schopenhauer, Arthur: *„Die Kunst, sich Respekt zu verschaffen"* Ernst Ziegler Verlag

Stroß, Rudolf: „Die Kunst der Selbstveränderung" (Vandenhoeck & Ruprecht)

Schulz von Thun, Friedemann: „Miteinander Reden" (Bechtermünz Verlag)

Tausch, Reinhard: Gesprächspsychotherapie (Verlag für Psychologie, Göttingen)

Vopel, Klaus und Renate: „Lebendiges Lernen und Lehren", (ISKO-Press, Hamburg)

Winkler, Nina: „Venus-Workout" (Knaur-Verlag)

Wirtschaftsmagazin „infoquelle" (Website)

Wikipedia

Wordpress

Zimbardo, P.G.: „Psychologie" (Springer- Verlag)

# Bücher vom Autoren-Ehepaar Dreykorn

Entdecke die
geheime
Macht in dir!

Dein Wegweiser zu mehr Erfolg!

Dieses Buch ist ein wichtiger Wegweiser für mehr Anerkennung und Erfolg im privaten und beruflichen Leben.
Es ist ein Ratgeber mit vielen praktischen Tipps und Anregungen, die mehr als 30.000 Teilnehmer in meinen Seminaren, Trainings und Workshops bereits zielorientiert anwenden und umsetzen konnten.

Du erfährst in diesem Buch, wie du dich positiv beeinflussen und erfolgsorientiert entwickeln kannst.

Verkaufen ist
mehr
als der Umsatz,
der sich nicht
vermeiden
lässt!

...auf dem Weg zum erfolgreichen Kundenmanagement!

Dieses Buch ist ein wertvoller Praxis-Ratgeber für alle, die direkt oder indirekt als Verkäufer in mitteständischen Unternehmen tätig sind.

Der Autor zeigt viele Chancen und Möglichkeiten auf, wie Verkäufer ihr Persönlichkeitsprofil steigern und aktive Kundenmanager werden können.

# Besser reden und erfolgreich verhandeln!

## Mit starken Worten zum ́Erfolg!

Dieses Buch ist ein Ratgeber für Gesprächs- und Verhandlungstechniken, die von den beiden Autoren entwickelt und in vielen Workshops und Coachings erfolgreich angewandt wurden.

So zum Beispiel kannst du schnell aus dem Stegreif eine Rede halten, oder in Verhandlungen die Führung übernehmen.

Die beiden Autoren sind seit mehr als 30 Jahren Profis im Coaching und Training.

## Geistig fit
## im Alter!

Ein Ideengeber für Senioren von A -Z

Die Autorin Eva Maria Dreykorn rät älteren Menschen, ihre geistige Beweglichkeit zu fördern, um die immer größer werdenden Anforderungen des täglichen Lebens zu bewältigen.

Unter jedem Buchstaben des Alphabets findet der Leser, die Leserin teils humorvolle oder nachdenkliche Worte, die zum Weiterlesen animieren und zukunftsweisend für Senioren sein sollen.

www.sechzigplus-aktiv.de